くらしの仏教語豆事典 上

上巻《あ～し》 目次

《あ》

《す～わ》は下巻へ！

1　愛［あい］

仏教の愛には二種類ある

バレンタインデーに、女性が愛する人にチョコレートを贈るようになったのは、いつからのことなのでしょうか。とにかく、街には愛のチョコレートがあふれています。

この「愛」が仏教語です。

仏教では「一切苦悩を説くに愛を根本と為《な》す」と『涅槃経《ねはんぎょう》』★にあるように、「愛」は迷いや貪《むさぼ》りの根源となる悪の心のはたらきをいいます。「愛」のサンスクリット★語「トリシュナー」の意味は「渇《かわ》き」です。のどが渇いたときに水を欲しがるような本能的な欲望で、貪り執着する根本的な煩悩《ぼんのう》を指します。

愛欲、愛着、渇愛などの熟語は、そのような意味をもっています。

一方、仏教では、このような煩悩にけがされた染汚《ぜんま》愛《あい》ばかりでなく、「和顔愛語《わげんあいご》」☞225 和顔愛語のように、けがれていない愛も説かれています。★仏《ぶっ》・菩薩《ぼさつ》が★衆生《しゅじょう》を哀憐《あいれん》する法愛がそれなのですが、この場合には、たいてい「慈《じ》悲《ひ》」☞106 慈悲と呼ばれているようです。

チョコレートをもらったばかりに、愛のしがらみに苦悩を深めている人はいませんかね。

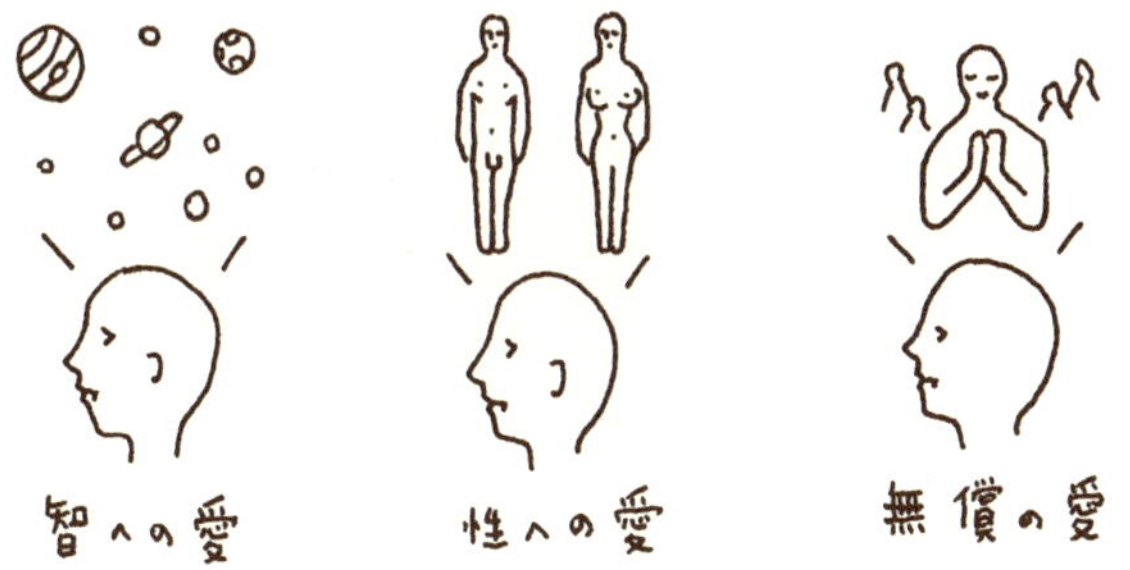

古代ギリシャの3つの愛

2

アイウエオ

［あいうえお］

「悉曇」とはなんぞや？

電話番号帳、辞書、名簿。みなアイウエオ順に並んでいます。昔は、順序符号にいろは順を使うことが多かったようですが、現代ではアイウエオ順が普通になりました。

この五十音図が仏教語という訳《わけ》ではありませんが、『広辞苑』に「国語音に存する縦横相通の原理を悉曇《しったん》の知識によって整理して成ったものか。また、悉曇より出たもの、漢字音の反切のために作られたものなど、その発生については諸説ある」とあります。

「悉曇」とは、古代インドの言葉サンスクリット語の文字のことで、仏教経典にも用いられたものです。

だから、悉曇学は仏教者の学問でもあります。

　五十音図は、サンスクリット語の母音の中からアイウエオをとり、それに子音の同じものを同行、韻《いん》の同じものを同段として、アカサタナハマヤラワの順で配列していますが、これはサンスクリット語の配列とよく似て、悉曇の影響を窺《うかが》わせます。

「いろは」といい「アイウエオ」といい、やはり、日本文化の底には仏教が流れていますね。

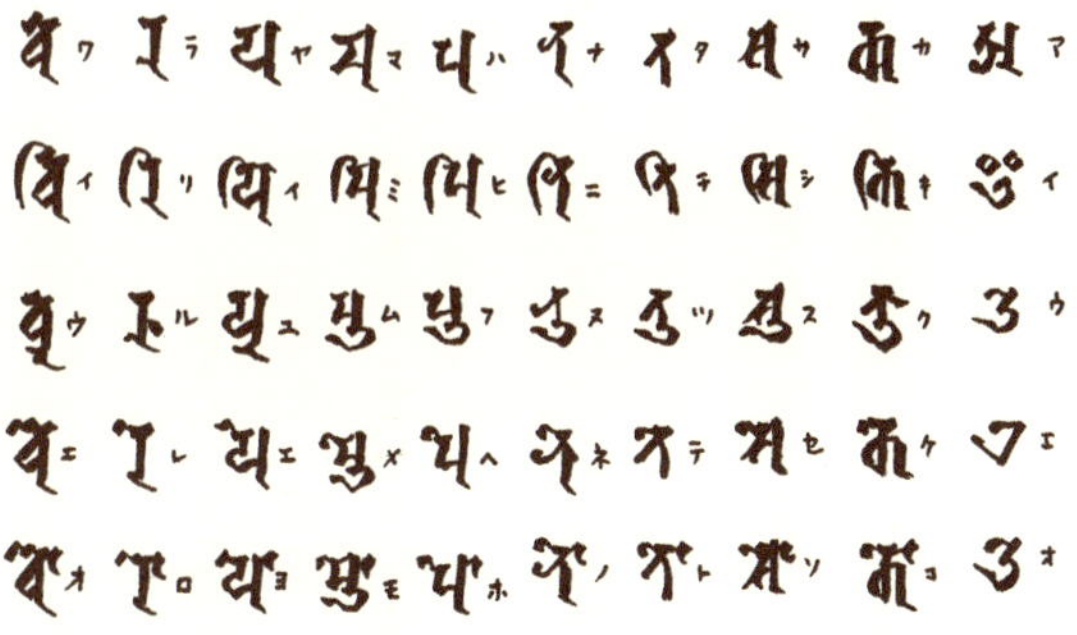

梵字の50音表記

3　愛敬・愛相 ［あいきょう・あいそう］

仏さまのお顔を拝めば

「男は度胸、女は愛嬌《あいきょう》」とか、「愛嬌をふりまく」など、愛嬌といえば、にこやかでかわいらしいことや、愛想のよいことを意味する言葉として知られています。

　この愛嬌は本来、愛敬と書き「アイギョウ」と読んで仏教語でした。愛《いつく》しみ敬《うやま》うことを意味したのです。

　★仏・菩薩の容貌は温和で慈悲深く、拝む人たちが愛敬せずにはおられない相《そう》を表しておられるので、その相を「愛敬相」といいます。愛敬は、その愛敬相から来たものなのです。

　また、「愛想がよい」とか、「愛想が尽きた」などと使われている愛想という語も、本来は愛相で、そのもとは同じ愛敬相から出た語のようです。

同じ愛敬相から、「愛敬・愛相」が生まれ、それが「愛嬌・愛想」となっていったようですが、いずれも、もとは仏さまのお顔の相だったのですね。

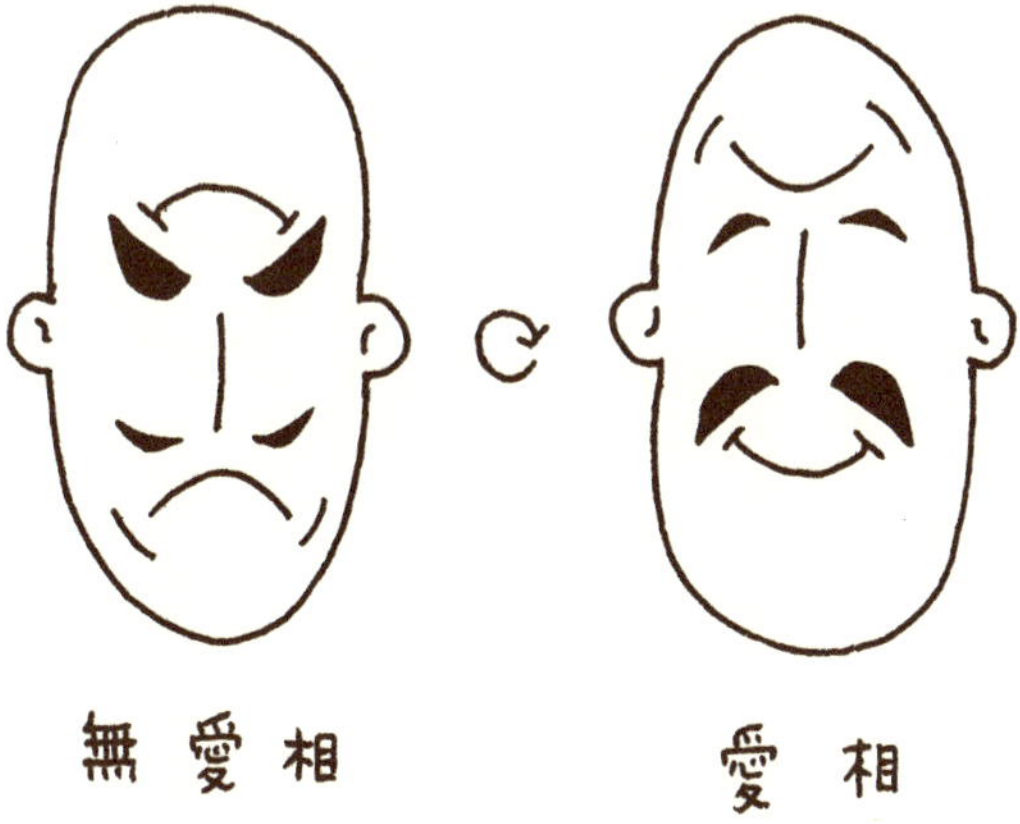

挨拶［あいさつ］

悟りの深浅を試していた

「一言、ご挨拶を申し述べます」――儀式などのときに、よく聞かれる言葉です。挨拶状などという手紙が来たりもします。ちょっとすごんで「挨拶してやるぞ」とか、冷たく「ご挨拶ですね」とか、挨拶は今では日常語になりました。

しかし、挨拶はもともと仏教語なのです。挨は「押す」こと。拶は「せまる」という意味から、挨拶は、前にあるものを押しのけて進み出ることをいいます。

禅家では、「一挨一拶《いちあいいっさつ》」といって、師匠が門下の僧に、または修行僧同士があるいは軽く、あるいは強く、言葉や動作で、その悟りの深浅を試すことがあります。これが挨拶なのです。

そこから転じて、やさしく応答とか返礼、儀礼や親愛の言葉として使われるようになりました。

最近は、日常の挨拶が少なくなったように思います。日々の暮らしを円滑に過ごすためには、まず挨拶からですね。

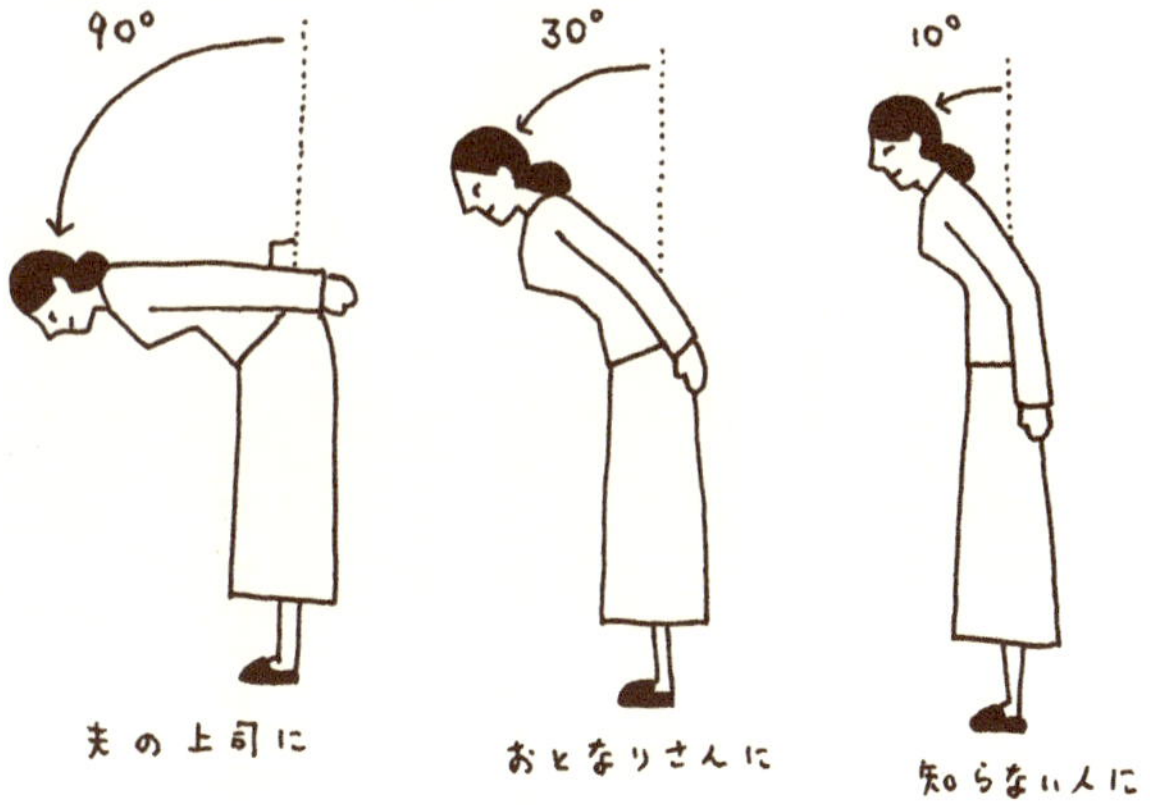

5

会うは別れ［あうはわかれ］

仏教の無常観がルーツ

はじめより　あふはわかれと　聞きながら
暁《あかつき》　知らで　人を恋《こ》ひける
（藤原定家）

古来より現代に至るまで、この情念をうたったものは数多くあります。

「会うは別れのはじめとは、知らぬ私じゃないけれど」という切ない思いは、すっかり日本人のものになっていますね。

この「会うは別れのはじめ」というのは、『白氏文集《はくしもんじゅう》』の「合者離之始」を口語訳したものですが、『★法華経《ほけきょう》』の「愛別離苦《あいべつりく》、是故《これゆえ》会者定離《えしゃじょうり》」や、『仏遺教経《ぶつゆいぎょうきょう》』の「会う者は必ず離るることあり、憂《う》悩《のう》を抱くことなかれ」などという、仏教思想をやさしく表現したものです。

「生者必滅《しょうじゃひつめつ》、会者定離」といわれるように、生じたものはかならず滅し、会ったものは定めて離れなければならないという、人生の無常を表しています。

三月四月は、卒業、入学、入社、転勤など、人の往来の多いシーズンです。人生のはかなさを悲観的にながめるのではなく、だからこそ、出会いを、人間関係を大切にしていきたいものです。

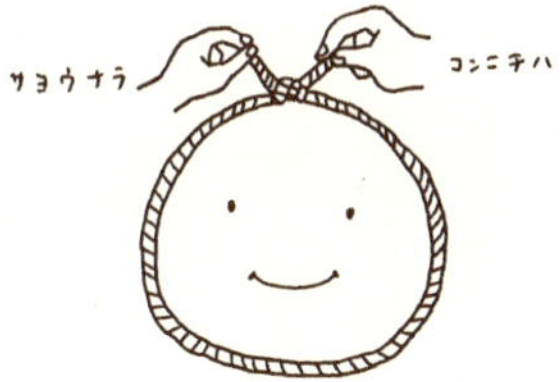

6 阿吽【あうん】

ものの始まりと終わり

相撲《すもう》の仕切りは「阿吽の呼吸」を合わせます。吐く息、吸う息を合わせるのです。

社寺の門前のコマイヌさんや、山門の仁王《におう》様は、一方が口を開いて「ア」、他方は口を閉じて「ウン」と、阿吽の姿をしています。

サンスクリット語では、最初が「ア」と口を開いて出す音声で「阿」と訳され、最後は「フーン」と口を閉じて出す音声で「吽」と訳されています。

日本のアイウエオで始まる五十音図は、このサンスクリット語の配列にヒントを得て、それに基づいて整理されたものといわれていますから、同じく「ア」で始まり「ン」で終わっているのです。

このように、阿吽は、ものの始まりと終わり、出息入息を示しています。

★密教では、阿吽を、根源と帰着、菩提心《ぼだいしん》と涅槃《ねはん》などの象徴としているともいわれているようです。

みなさん、何事にも、阿吽の呼吸が大切ですよ。

7

諦め［あきらめ］

ほんとうは力強い語

どうにもならないことをくよくよと考えないで断念することを「あきらめる」といいます。

お釈迦《しゃか》さまは、悟りを開かれた後、ベナレスのミガダーヤで五人の友人たちに、初めてその法を説かれました。初転法輪《しょてんぼうりん》と呼ばれているのがそれで、その説法の内容が「四諦《したい》」の教えでした。

「諦」とは「まこと」とか「真理」という意味で、動詞として読むときには「あきらめる」、すなわち、明らかに真実をみるという意味なのです。

お釈迦さまはその悟りの内容を、苦諦《くたい》・集諦《じったい》・滅諦《めったい》・道諦《どうたい》の四つの真理に分けて教え、それを見ることによって、真理を知ることができると説かれました。

だから、「諦」という語は、現在のように消極的な用い方ではなく、真理を悟るという力強い語なのです。

しかし、そのとき、自分一人の力ではどうにもならないことを悟るのが、本来の意味なのかも知れませんね。

諦　総画：16画　字音：テイ（漢）・タイ（呉）〈di〉（去）

❶つまびらかにする。つまびらか。あきらか。
いろいろ観察をまとめて、真相をはっきりさせる。
また、はっきりしている。「諦視〈テイシ〉」。

❷｛名｝まこと。全体をとりまとめて見通した真相。

❸｛名｝（仏）真理。また、悟り。（国）あきらめる。しかたがない、またはできないとして物事をやめる。思いきる

※漢字源より引用。

8

悪事千里を走る

［あくじせんりをはしる］

戦争もリアルタイムに

戦争が勃発《ぼっぱつ》すると、戦場の悲惨な場面を逐一《ちくいち》茶の間のテレビに映し出すようになったはじめは、1991年の湾岸戦争でした。この戦争の特徴は、ハイテクの使用とテレビ戦争でした。

以来、2001年のアメリカ同時多発テロ事件のときには、まるで実況中継でしたし、その後の世界各地での戦争状況もマスメディアを通じて世界中に伝えられています。

まさに「悪事千里を走る」です。

この諺《ことわざ》は、悪い行いはすぐ世間に知れ渡る、という意味ですが、戦争という悪事は地球上を駆けめぐりました。

『景徳伝燈録《けいとくでんとうろく》』に、「好事《こうじ》門を出でず、悪事千里を行く」とあるのが、この諺のもとです。好いことはなかなか世に知られないが、悪いことはすぐに広まる。それが世相である。だからこそ、達磨《だるま》大師《たいし》は好いことを伝えるために、インドから遠く中国までやってきたのである、というのです。

仏教は「不殺生戒《ふせっしょうかい》」の立場から、「いのちを大切に」をスローガンにしています。

一日も早く、ほんとうの平和という好事が、千里といわず、地球上を駆けめぐってほしいものです。

9 阿号【あごう】

「元の木阿弥」の由来

能の観阿弥《かんあみ》・世阿弥《ぜ》、水墨画・連歌の能阿弥《のう》、書院造の相阿弥《そう》、作庭の善阿弥《ぜん》、立花《りっか》の立阿弥《りつ》、美術鑑定の千阿弥《せん》など、みんな名に「阿弥」がついています。

名前の下に「阿弥陀仏」★略して「阿弥」「阿」をつけるのを、「阿弥陀仏号」略して阿号といいます。

これは、★法然聖人《ほうねんしょうにん》から念仏の教えを聞いて感銘した俊乗房重源《しゅんじょうぼうちょうげん》が、みずから南無阿弥陀仏を名としたところから、★浄土宗《じょうどしゅう》や★時宗《じしゅう》などでよくつけられ、中世以降は、仏工・画工・能役者など、芸能関係者が好んで用いました。

昔、筒井順昭《つついじゅんしょう》が病死したとき、嗣子《しし》の順慶《じゅんけい》がまだ幼かったので、敵から攻められるのをおそれて、遺言により、声が順昭とよく似ていた南都の木阿弥《もくあみ》を寝所に寝かせ、順昭が病気で寝ているように見せかけました。そして順慶が長ずるに及んで、順昭の喪を発表したと、『天正軍記《てんしょうぐんき》』は紹介しています。

　順昭の代役を務めた木阿弥は、もとの市人に帰っていきました。

　今では諺《ことわざ》になっている「元の木阿弥」の一席でした。

カタカナの「ア」は
「阿」の扁。

10

悪口 ［あっこう］

対人関係を壊すもと

「妄語《もうご》をいい、綺語《きご》を好み、悪口《あっく》して他を罵《ののし》り、両舌《りょうぜつ》して他の親好を破することを、口の四《し》悪業《あくごう》という」と、『十善法語《じゅうぜんほうご》』という仏書に書かれています。

妄語は嘘《うそ》をつくこと。綺語は真実にそむいて巧みに飾りたてた言葉。悪口は人をあしざまにいうこと。両舌は両方の人に違ったことをいい、両者を離間《りかん》して争わせることで、二枚舌のことです。

この四つは、口でしゃべる悪の行為だといいますから、慎まなければなりませんね。悪口は一般に「ワルグチ」とか「アッコウ」と読みますが、仏教では「アック」と読みます。

悪心をもって人に悪言を加え、相手を悩ませ、傷つけることです。

★『正法念処経《しょうぼうねんしょぎょう》』は「人間は生まれながらにして口の中に大きな斧《おの》をもっている。その斧で他人を切るならば、それは悪口となる」と説きます。恐ろしいことですね。

いずれにせよ、人に不快感を与えるような言葉は慎み、対人関係を大切にしたいものですね。

あなたの一言が、相手の人生を変えさせることになるかもしれませんよ。

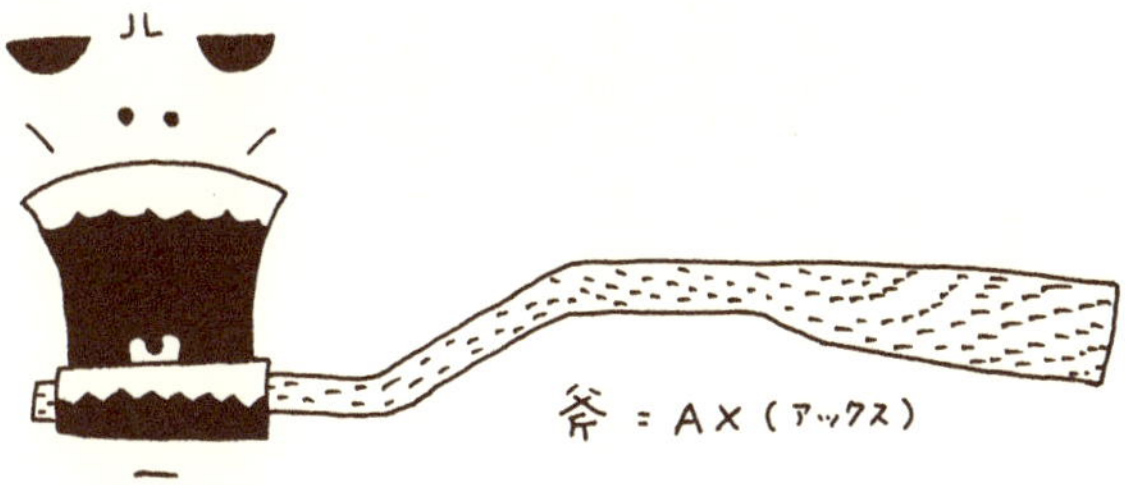

11

あばた

極寒地獄でできる腫れ物？

「あばたもえくぼ」という諺《ことわざ》をご存知ですか。

愛する者には、あばたさえもえくぼに見えるという、ほほえましいたとえです。

こわいと恐れている人の目には、枯れ尾花もゆうれいに見えるという、「ゆうれいの正体見たり枯れ尾花」の類です。

この「あばた」とは、サンスクリット語「アルブダ」の音写で、腫《は》れ物とか水疱《すいほう》という意味で、仏典にも出てくる言葉です。

仏教で説かれる八寒地獄の一つに、阿浮陀《あぶだ》地獄があります。嘘をついたり、悪口を言ったり、聖者を軽蔑する言葉を吐いた者が落ちる地獄です。

この地獄に落ちると、極寒にさらされるため、身体中に腫れ物ができ、そのために、たいへん苦しむといわれています。

このアルブダ・阿浮陀があばたとなり、天然痘《てんねんとう》のあとに残る痕跡《こんせき》の意味となりました。

現代では、幸いなことに、天然痘は種痘のおかげで無くなってきましたが、「あばたもえくぼ」に見える心は、ますます盛んなようですよ。

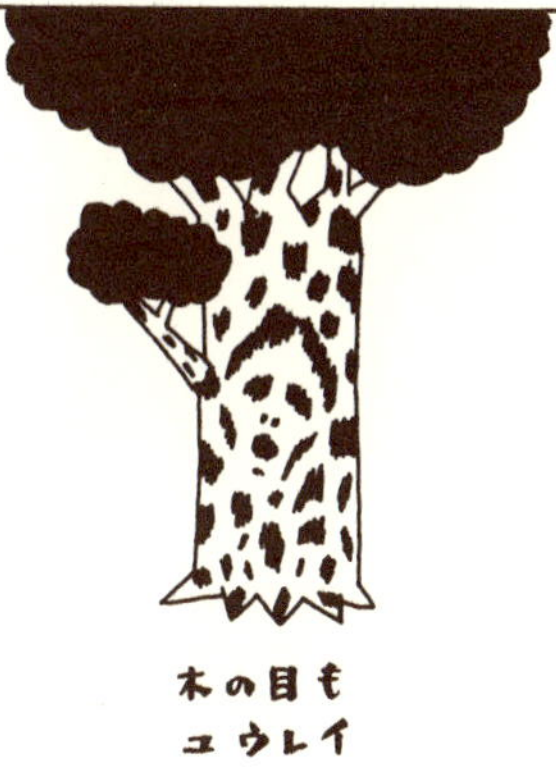

12

阿鼻叫喚

［あびきょうかん］

二つの地獄で泣き叫ぶ

「幾十万にも及ぶ広島在住の無辜《むこ》の民を、一瞬にして阿鼻叫喚の地獄に晒《さら》したということであります」。井伏鱒二《いぶせますじ》の『黒い雨』には原爆が投下された情景を、このように描いています。

「阿鼻叫喚の巷《ちまた》と化す」と表現されるように、阿鼻叫喚は、戦場や大災害の惨状を形容する語句で、地獄絵そのままに、人びとが泣き叫び、逃げまどう悲惨な状況を表しています。

この「阿鼻」も「叫喚」も地獄の名前で、八大地獄の中に入っているものです。

阿鼻地獄は無間《むけん》地獄と訳されるように、間断なく苦しみを受ける地獄の中で最も苦しい場所です。

　叫喚地獄では、熱湯たぎる大釜の中に投げ込まれたり、猛火の鉄室に入れられたりの苦しみを受けます。

　この両地獄ともあまりの苦しみに耐えられず、泣き叫ぶということころから、惨状を形容する言葉となりました。

　あれから六十年経ちました。

　このような阿鼻叫喚の情景が、世界中から無くなるように、念願したいものですね。

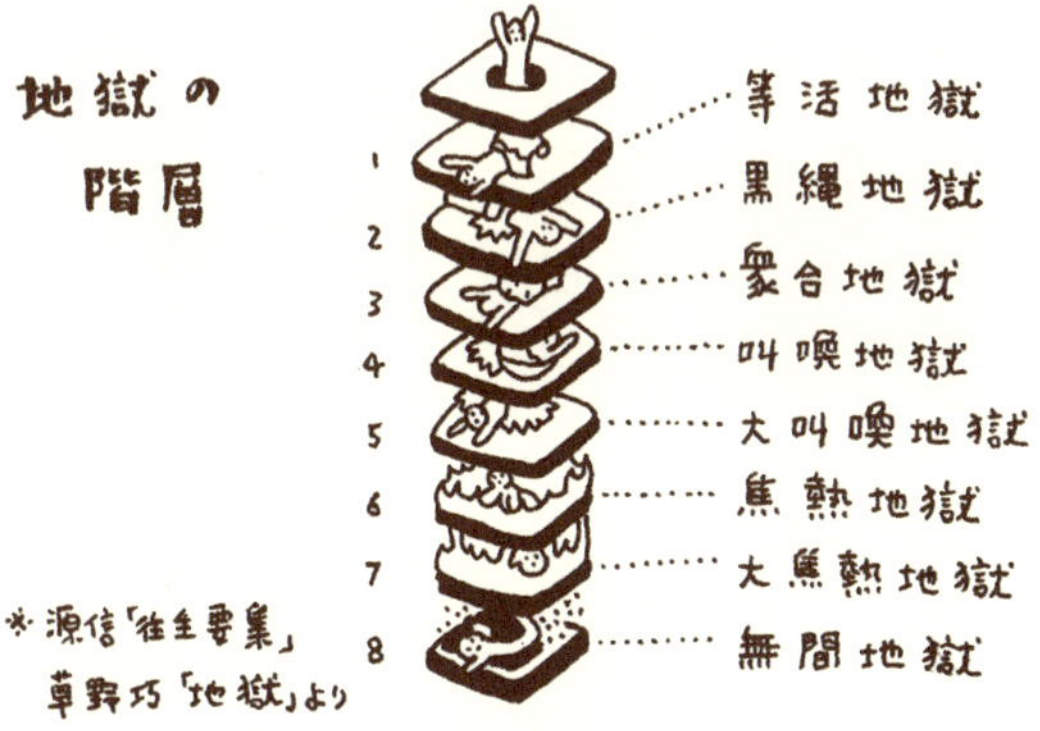

13

天邪鬼［あまのじゃく］

毘沙門天の足下を見れば

他の人たちが白といえばわざと黒というように、わざわざ他人に逆らう〈つむじ曲がり〉のことを、よく「あまのじゃく」といいます。

あまのじゃくは、瓜子姫《うりこひめ》の話など、日本各地の民間説話に多く登場していいます。たいていはずるがしこくて、かわいげがありません。他人の心をよくさぐり、姿や物をまねたり、口まねをしたりして人に逆らいますが、最後には滅ぼされてしまいます。

仏教では、もともと毘沙門天《びしゃもんてん》が腹部につけている鬼面のことを海若《あまのじゃく》といい、水神と考えられていましたが、後には毘沙門天の足の下に踏みつけられている二鬼を耐薫《あまのじゃく》と呼ぶようになりました。

あまのじゃくは『日本書紀』に登場する天《あま》探女《のさぐめ》からはじまったという説もあるようですが、いずれにしてもあまり人に逆らってばかりいると、踏みつけられて、最後には滅びてしまいますよ。

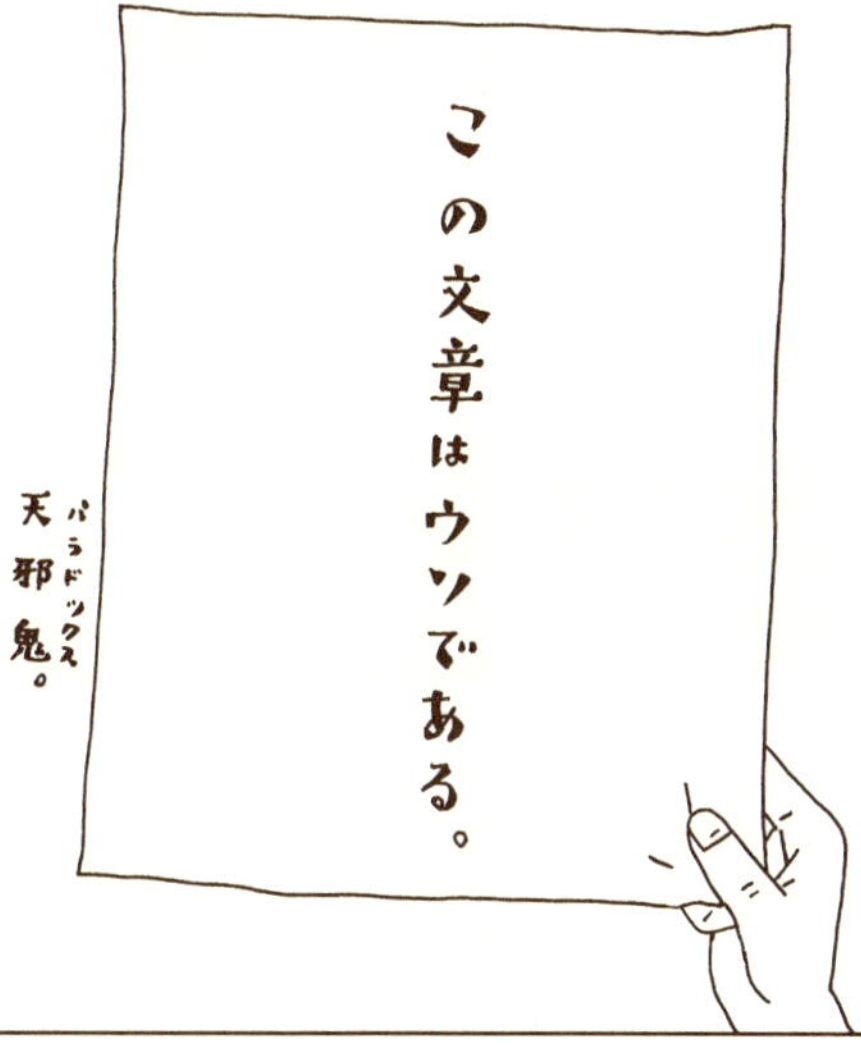

14

有り難い【ありがたい】

文字通り「有ること難い」

「ありがとう」は、一般に感謝やお礼の心を表す日常語として常識になっています。

生物の先生に「現在この地球上には多くの生命が生まれているが、一番多いのは何ですか」と聞いたところ、バクテリアやウィルスなどのミクロの世界の生物、微生物が多いそうです。グラウンドへ行き「このいっぱいの砂が地球上の生命の数だとしたら、人間の数は」と問うと、一握りの砂だと教えられました。

これでは人間に生まれる可能性は皆無でしょう。三千億分の一だという人もいます。★三帰依文《さんきえもん》に「人身《にんじん》受け難し、今すでに受く。仏《ぶっ》法《ぼう》聞き難し、今すでに聞く」とあるように、人間として生まれることや、仏の教えに遇《あ》うことは、なかなか難しく「有り難い」ことなのです。

「有り難い」は文字通り、有るのが困難、めったにない、珍しいという意味です。

だからこそ、貴重である、かたじけない、もったいない、畏《おそ》れ多いという感謝の気持ちを表す言葉になりました。

どんなときでも、誰に対してでもすなおに「ありがとう」と言えるようになりたいものです。

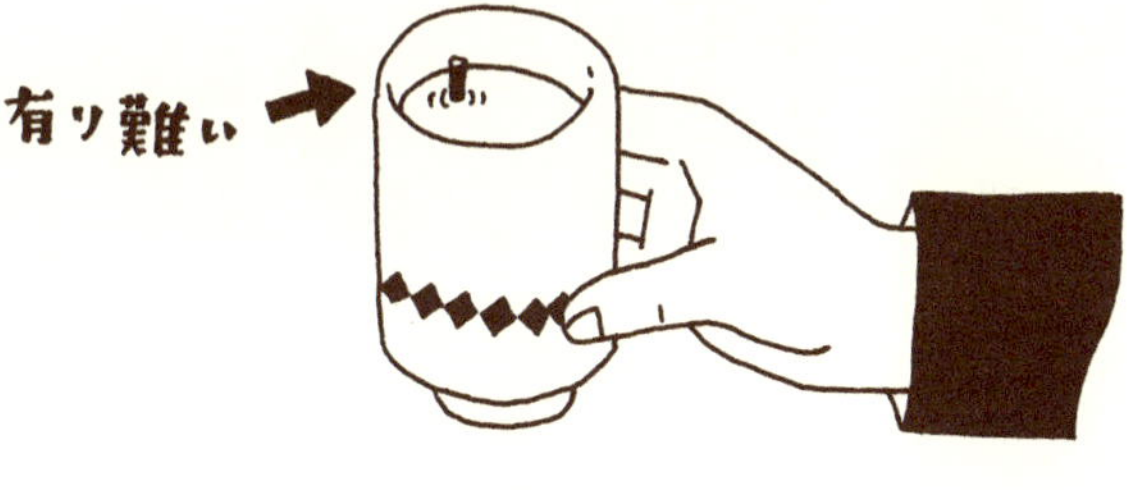

15

行脚

［あんぎゃ］

お釈迦さまも奨励した旅

「月日《つきひ》は百代《はくたい》の過客《かかく》にして、行きかふ年も又《また》旅人也《なり》」

『奥の細道』の有名な冒頭の文です。

松尾芭蕉《ばしょう》が元禄《げんろく》二年（1689）、江戸深川を出発し、門人曾良《そら》とともに奥羽《おうう》北陸を行脚した旅から三百年以上経ちました。

行脚とは、僧が一定の住所をもたず、師や友を求め、自分の修養や教化のために、処々を遍歴《へんれき》することで、仏道修行のための旅のことをいいます。

お釈迦さまは弟子たちに「これからは世の人びとの利益と幸福を実現するために、国内をくまなく遍歴せよ」と教えました。

寺院仏教が発展してからは定住化しましたが、中国では★禅宗《ぜんしゅう》が興隆して、諸国行脚が盛んになったといいます。

行脚僧は行く雲や流れる水のように、足にまかせて諸国を遍歴するので、雲水《うんすい》ともいいます。俳人たちの諸国旅行もまた、行脚といいます。

今では、行楽地は車でいっぱいですが、これを機会に一度、徒歩で旅をしてみませんか。

松尾芭蕉
Basho Matsuo
1644 ~ 1694

16

安心

［あんしん］

浄土真宗では「アンジン」

テレビや新聞のニュースを見ていると、不安なことばかりです。親が子を殺し、子が親を殺す。友人を殺し、幼児を誘拐して、老人をだます。お金のためなら何でもするような事件が多いですね。

これでは、安心して暮らしていけなくなりました。

安心とは、心配がなく心が安らかなことをいいます。赤ちゃんが母親の胸の中で安心し切って眠っているような状態ですね。

仏教では、仏法によって心の安らぎを得て、動ずることのない境地をいいます。

★禅宗では「アンシン」と読み、修行によって得られる安定した心の境地をいいますが、★浄土真宗では「アンジン」と読んで、★阿弥陀仏の本願を信じ、念仏して浄土に往生《おうじょう》できると確信して疑わない心をいいます。

「安心立命《あんじんりゅうめい》」は、天命を知って心を安んじ、何事にも揺らぐことのない境地の意味ですが、安心は仏教語、立命は儒教語です。

いずれにしても、安心できる世の中になって欲しいものですね。

17

安楽［あんらく］

阿弥陀仏の極楽浄土のこと

安楽は、心身に苦痛がなく、この上もなく楽な状態をいう日常語です。

休息用のひじかけ椅子を「安楽椅子」といったり、助かる見込みのない病人を、苦痛なく死なせることを「安楽死」といって、社会問題になったりします。

仏教では『★無量寿経《むりょうじゅきょう》』に「その仏の世界を名づけて安楽という」とあるように、安楽は★阿弥陀仏の極楽浄土のことをいいます。

安楽国、安楽仏土、安楽浄土、または安養《あんにょう》浄土など、さまざまな表現がなされていますが、みな阿弥陀仏の世界のことです。

また、禅でも安楽法門というのがあり、身は安らかで心楽しく行える坐禅をいいますから、そこに至るにはなかなかの修行ではないはずです。

安楽とか極楽というと世間的な快楽が満ちていて、そこで安楽に暮らすように思う人がいますが、果たして、そうですかな。

浄土に往生して悟りを開いた人は、この世に帰って来て、迷える人びとに利益《りやく》を与えることに窮《きわ》まりがない、と説かれています。

たいへん忙しいようですよ。

18

威儀 [いぎ]

禅宗では「イイギ」

「威儀を正して授賞式に参列しました」というように、「威儀を正す」とは、なり、形を整え、作法にかなった立ち居ふるまいをすることをいいます。

「居ずまいを正す」とも、「威儀を繕《つくろ》う」ともいいますね。

仏教では、行《ぎょう》（歩くこと）、住《じゅう》（とどまること）、坐《ざ》（すわること）、臥《が》（寝ること）を「四威儀《しいぎ》」といい、それぞれに守るべき戒律《かいりつ》が定められています。だから、威儀は日常生活での一切の行動を包括しているのです。

★禅宗では「イイギ」と読み、規律にかなった正しい立ち居ふるまいをいいます。

戒律上の細やかな作法や規則も威儀といい、小乗《しょうじょう》には三千威儀、大《だい》乗《じょう》には八万威儀と、戒律の異名にもなっています。

また、袈裟《けさ》の肩上から前後に通じる平絎《ひらぐけ》の紐《ひも》も威儀と呼んでいます。

現代では、威儀を正さなければならない場面が少なくなってきたようです。しかし、そのことが心の乱れにつながらないようにしたいものですね。

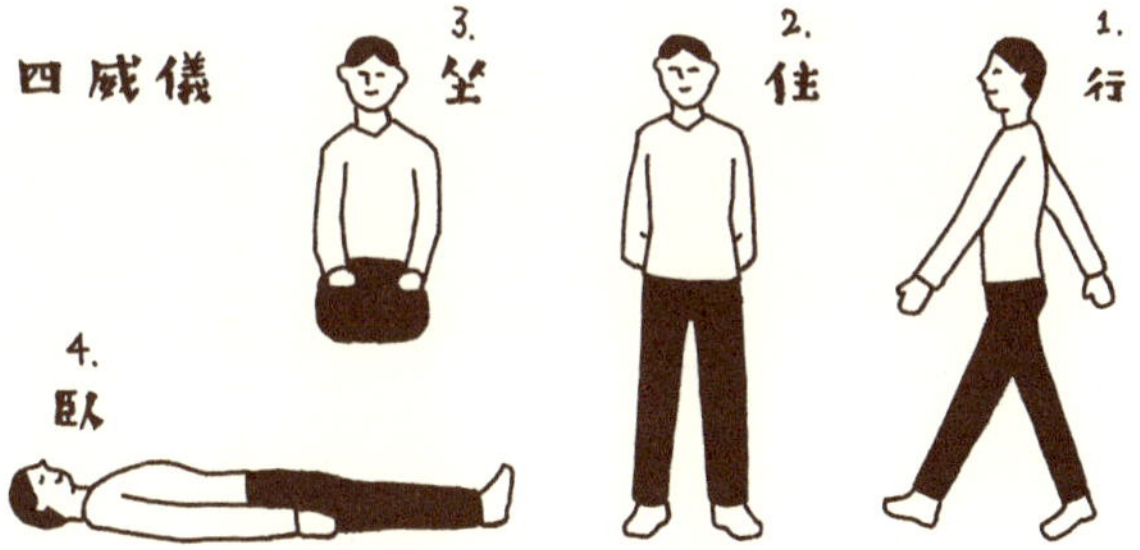

19

異口同音

〔いくどうおん〕

お釈迦さまの説法に感激して

「次の時間にテストをします」といえば、教室中が「エエーッ」。初めて聞くような話しでもすれば「ウッソー」の大合唱。女子校に勤めていますと、こんな風景は日常茶飯事です。まさに、異口同音の世界です。

異口同音とは、多くの人が口をそろえて、同じことを言うこと。多くの人の説が一致することを意味する言葉です。

身は異なるから「異口」で、語説は一致するから「同音」です。語る人はそれぞれ異なっても、語る内容は同じというわけで、『弥《み》勒成仏経《ろくじょうぶつきょう》』などの仏典にもよく出てくる言葉です。

お釈迦さまの説法に際しても、感激のあまり、大衆が一斉《いっせい》に讃歎《さんだん》した情景が、いろいろの仏典に描かれています。

『今昔《こんじゃく》物語』には「仏の御名《みな》を唱《とな》えて利生《りしょう》に預からんと言いて、五百人異口同音を挙げて」とあります。

現在では、異口同音はさまざまな場面で使われていますが、本堂いっぱいに集まった信者たちが、みな、口々にお念仏を称《とな》えるなどすばらしい情景ですね。

20

意識・意地

［いしき・いじ］

「第六識」ともいう心のはたらき

意識は哲学や心理学の分野だけでなく、「異性を意識する」「自意識過剰」「勝ちを意識してかたくなる」など、一般にも用いられている言葉です。

また、意地も「男の意地」「女の意地」とか「意地が悪い」「意地をはる」など、日常語となっています。

仏教では、物を見るはたらきの眼識《げん》、音を聞く耳識《に》、においを嗅《か》ぐ鼻識《び》、味わう舌識《ぜっ》、触れる身識《しん》の五つの感覚器官を「五識《ごしき》」といい、その奥にあって、それらを含めた一切のものを総括的にとらえ、認識し推理し追想する心のはたらきを「第六識《だいろくしき》」とか意識といいます。

このような意識は、ひとりひとりの人間の全体を支配し、認識作用の根源であり、物事が成立されるところなので意地ともいうのです。心根《こころね》という意味なのでしょう。

仏教語であった意識や意地という語が、今では学術用語や日常語として、りっぱに通用している例です。

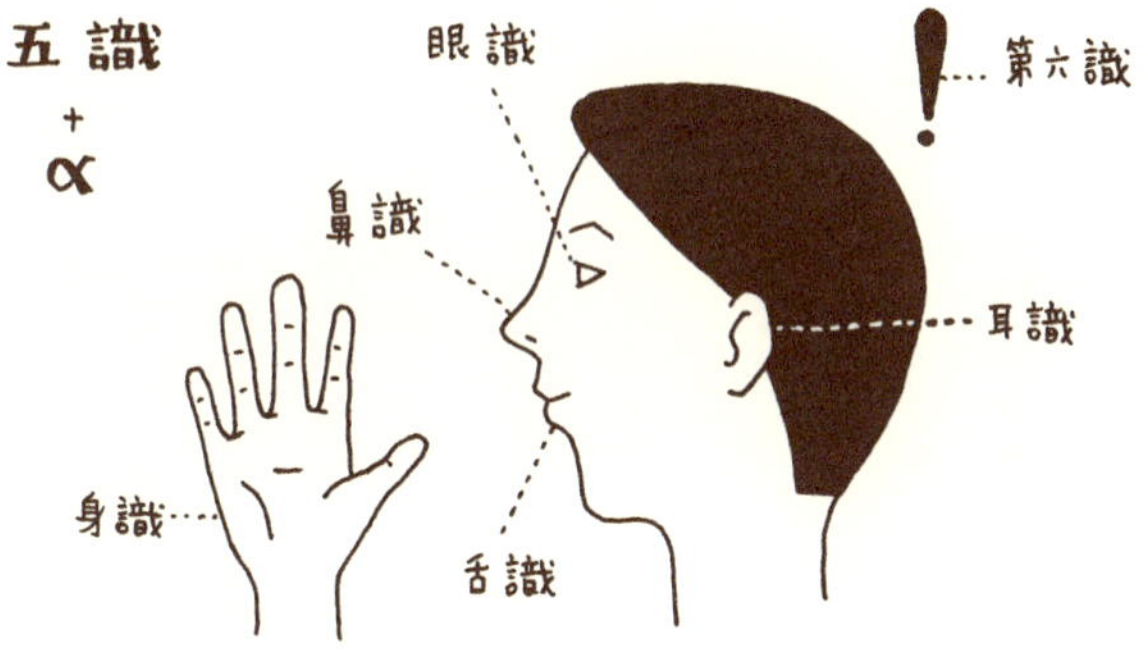

21

以心伝心［いしんでんしん］

そのうち「以心電信」に？

以心伝心という語句は、日常会話の中でも「心から心へ伝わること」という意味でよく使われています。

しかし、この語句はもともと、「不立文字《ふりゅうもんじ》」（経典の文字は熟読すべきであるが、それだけに頼り、すがっては禅の教えは会得《えとく》できない）・「教外別伝《きょうげべつでん》」（経典に書かれていないものを特別に伝授するのが禅である）と並んで、禅の宗旨をよく表現した有名な仏教語です。

お釈迦さまの教えは、確かに経典に記されていますが、それだけで、悟りの極意が伝えられるものではなく、お釈迦さまの教えの真《しん》髄《ずい》は、文字や言葉によらないで、師の心から弟子の心へと、じかに伝えられるものであることを意味している語句なのです。

「心をもって心に伝える」――人間関係も、ここまでくるとりっぱなものですが、今では、もっと軽く「二人は何も言わなくても、ツーカーなんだ」という意味に使われているようです。それともやはりメールですか。

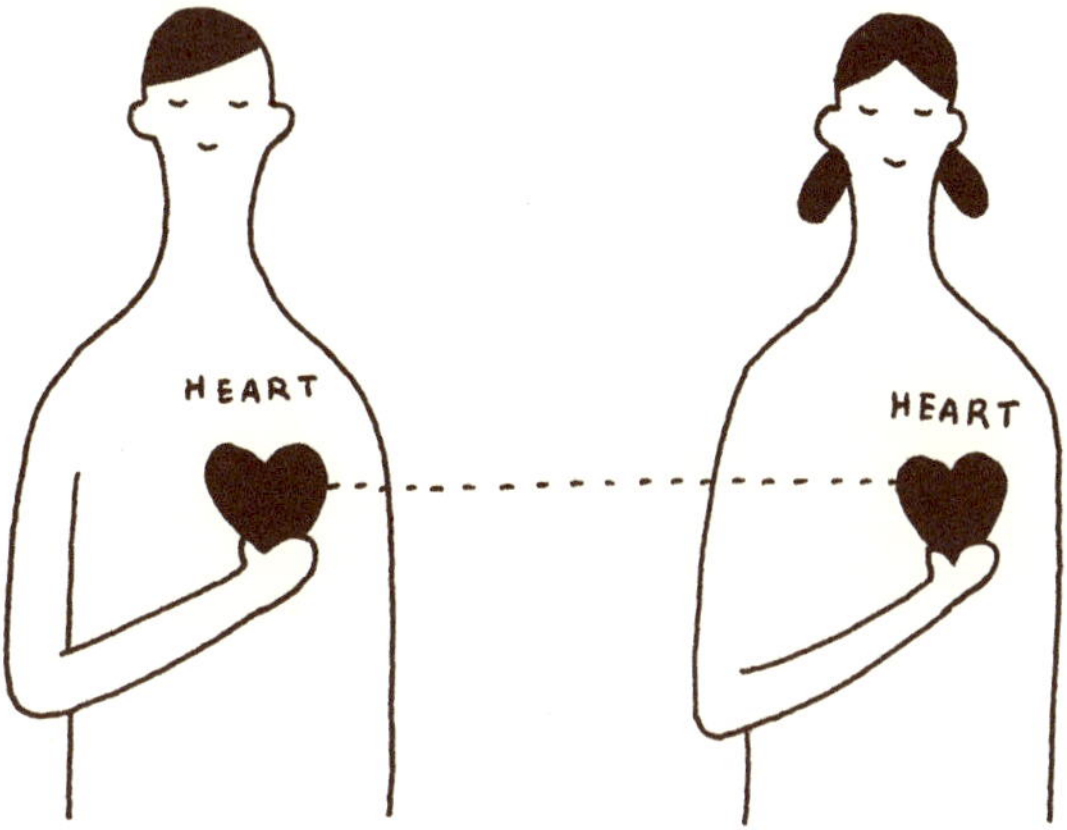

22

韋駄天〔いだてん〕

悪鬼を追う俊足守護神

〈体育の日〉です。各地で体育祭や運動会が繰り広げられています。そのとき、たいへん足の速い人がいると、よく韋駄天だとか、韋駄天走りなどと呼ぶことがあります。

韋駄天は、もとはインドの神で、スカンダといい、シヴァ神の子でした。「天」とは「神」のことで、悪魔を打ち破る軍神だったのです。

しかし、後に、仏教の守護神となり、増長天《ぞうじょうてん》の八大将軍の一人に加えられました。

お釈迦さまがお亡くなりになったとき、足の速い悪鬼がお釈迦さまの遺骨（仏舎利《ぶっしゃり》）を奪って逃げたのを、この韋駄天が追いかけて取り戻した、という伝説をもっているほど、足の速いことで有名です。

そうしたことから、現在では、足の速い人を韋駄天と呼ぶようになりました。

運動会、がんばってください。

23

一期一会［いちごいちえ］

一生にたった一度の出会い

五月二十一日は、★親鸞聖人《しんらんしょうにん》のお誕生日で、西本願寺では、宗祖降誕会《しゅうそごうたんえ》の法要が厳修《ごんしゅう》されます。このとき、国宝の飛雲閣《ひうんかく》でお茶会が催されます。

一期一会は茶道の言葉です。

「一期」は人が生まれてから死ぬまでの一生、一生涯。「一会」はひとつの宗教的なつどい。ともに仏教語ですが、「一期一会」という成句は仏典にはありません。しかし、仏教の精神を表しています。

一期一会は、千利休《せんのりきゅう》の弟子・山上宗二《やまのうえそうじ》の著『山上宗二記』にある「一期に一度の会」から生まれた言葉です。この言葉を、一流の茶人でもあった幕末の大老《たいろう》・井伊直弼《いいなおすけ》がその著『茶湯一会集《ちゃのゆいちえしゅう》』の中で茶の湯の心得として述べました。

それは、「そもそも、茶湯の交会は、一期一会といいて、たとえば幾度おなじ主客交会するとも、今日の会にふたたびかえらざる事を思えば、実に我一世一度の会なり」と記し、一生にたった一度の出会いだから、主人も客も万事に心を配り、実意をもって交わりなさいと諭していています。

諸行無常《しょぎょうむじょう》の世の中、日常生活でも一期一会の心をもって、ご縁を大切にしたいものです。

一期＝一生

24

一大事［いちだいじ］

仏がなぜこの世に現れたのか

「殿、天下の一大事！」などというと、天下のご意見番、大久保彦《ひこ》左衛門《ざえもん》でも登場しそうな情景ですね。

「わが社の一大事」「大事の前の小事」など、日常でも使われる言葉です。

★『法華経《ほけきょう》』に、「諸仏世尊《せそん》は、唯一大事の因縁《いんねん》をもっての故《ゆえ》に、世に出現したもう」という文があります。お釈迦さまは、ただ一つの偉大な目的と仕事のためにこの世に現れたといいます。

その目的と仕事とは、仏の智慧《ちえ》を★凡夫《ぼんぷ》に教え（開）、示し（示）、理解させ（悟）、その道に入らしめる（入）ことである、と説いています。つまり、仏がこの世に現れたのは、★衆生《しゅじょう》を救済するためだというのです。これが一大事です。

『真宗新事典』によると、仏の一大事とは、「釈迦がこの世に出現された目的は、愚悪の凡夫を救うため、弥陀の本願を説きあらわすこと」であり、衆生の一大事とは「弥陀に救われて浄土に往生すること」と説明しています。

さて、あなたにとって一大事とは、どんなことでしょう。

25

一念発起

［いちねんほっき］

「一念発起菩提心」の略

「一念発起して今日から禁煙することに決心しました」などというように、一念発起とは、思い立ってあることを成し遂げようと決心することをいう言葉です。

この一念発起が仏教語なのです。

また、催し物を主になって計画し、人びとに呼びかける世話人を「発起人《ほっきにん》」といいます。

その発起も仏教語で、「悟りを求めようと決意すること。心を起こすこと」をいいます。

★『華厳経《けごんきょう》』に、「一念発起菩提心《ぼだいしん》」とあります。

「仏に帰命《きみょう》する一念を起こし、菩提（悟り）に向かう心を起こす」という意味で、「発《ほっ》菩提心」と同じ意味です。

★浄土真宗では、「★阿弥陀仏の本願を信じる心がはじめて起こること」をいいます。阿弥陀仏より★回向《えこう》された信心《しんじん》がはじめて獲得《ぎゃくとく》された瞬間です。

さて、新しい年を迎えて、なにか一念発起してはじめてみませんか。

26

一味 ［いちみ］

その味はいったい何味？

釈迦の御法《みのり》は唯《ただ》一つ
一味の雨にぞ似たりける
三草二木は品々に
花咲き実なるぞあはれなる

『梁塵秘抄《りょうじんひしょう》』の「一味の雨」の詩です。

三草二木とは、小・中・上薬草（三草）と小・大樹（二木）で、これらは大小の差はあっても、みな慈雨に潤されて育ち、薬用になるのです。

このように、仏法は貴賤《きせん》・男女・大小に関わりなく平等無差別であることを、一味といいます。それはちょうど海水がすべて同一の塩味であるのにたとえたものです。

★「凡夫《ぼんぷ》も聖者も、みな本願海に入れば、どの川の水も海に入ると一つの味になるように、等しく救われる」という意味でしょう。雨は、すべてを潤す意味で、「一味の法の雨」ともいいます。

★『正信偈《しょうしんげ》』に「如衆水入海一味《にょしゅしいにゅうかいいちみ》」とありますね。

そこから、一味同心（心を一つにして味方をする）一味徒党（同志の仲間）などの語句が生まれました。しかし、悪党の一味などは穏やかではありませんね。

27

一蓮托生［いちれんたくしょう］

同じ蓮華の上に生まれたい

テレビの時代劇などで、よく悪者同士が仲間割れして、自分だけが捕らえられそうになると、仲間やまわりの者に「こうなりゃ一蓮托生だ」などと語る場面があります。みなも同罪だ、運命をともにするぞ、という意味でしょう。

一蓮托生とは、死後、極楽浄土で同じ蓮華《れんげ》☞221蓮華の上に生まれることを指しています。

同じ信心で結ばれている人たち、夫婦、友人などが、来世に極楽浄土で一緒に暮らそうと願うときの言葉です。

また、この言葉は江戸時代の心中《しんじゅう》ものにもよく使われました。封建時代の社会の束縛にあって、この世で結ばれぬ恋人同士が、来世こそ添い遂げようと願うときなどに使われる言葉のようです。

　それが、いつしか、善悪に関係なく、運命をともにする意味に用いられるようになりました。

28

いろは歌

［いろはうた］

色は匂へど散りぬるを

いろは歌は、発音の異なる仮名四十七字を、七五調四句の歌にしたものとして有名です。

この歌は「相対的な世界にこだわって一喜一憂する迷妄《めいもう》の世界を超脱すれば、一切が安楽となる」と説く『涅槃経《ねはんぎょう》』★の四句の偈《げ》★（この偈を「諸行無常偈」とも「雪山偈《せつざんげ》」ともいいます）を和訳したものです。

諸行無常（諸行は無常なり）

色は匂へど散りぬるを

是生滅法（これ生滅の法なり）

我が世誰ぞ常ならむ

生滅滅已《い》（生滅滅し已りて）
有為《うい》の奥山今日越えて
寂滅為楽（寂滅を楽と為す）
浅き夢見じ酔ひもせず

文語体で書かれていますので、若い人には難しく思われるかもしれませんが、この最後に「ん」や「京」を加えて「いろは順」「いろはがるた」「いろは組町火消し」など、字母表や順序を表す符号に用いられたり、手習いの手本とされたり、日本語の歴史の支柱となってきました。

古くから、★弘法大師《こうぼうだいし》の作だと伝えられていますが、真偽のほどはわかりません。

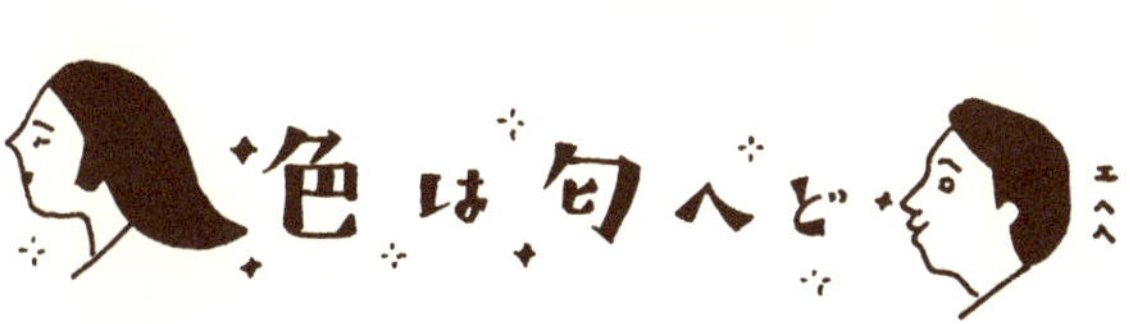

29

印［いん］

押したり結んだり

ハンコを押す機会が多くなりましたね。特に、年度末や年度初めにはハンコは大活躍をしています。

印はサンスクリット語で「ムドラー」といい、標章を意味する言葉です。

仏教の教えの旗印、スローガンを「法印」といいます。諸行無常《しょぎょうむじょう》、諸法無我《しょほうむが》、涅槃寂静《ねはんじゃくじょう》の三教説を三法印。これに一切皆苦《いっさいかいく》を加えて四法印といいます。

仏像を拝むと、左右の手や指で、種々の形をつくっているのに気がつきます。中には、持ち物がある像も見受けられます。仏や菩薩がその悟りや誓願の内容を具体的に表したもので「印相《いんそう》」といいます。手や指で表すのを「手印《しゅいん》」といい、★密教では特に重んじているようです。「印を結ぶ」という言葉もあります。

★禅宗などでは、弟子の悟りを認めることを「印可《いんか》」といいます。そこから芸道などで、師が弟子の熟達に対し与える証明のことになりました。

　このように、印は大切なしるしです。ハンコを押す時には慎重に——。

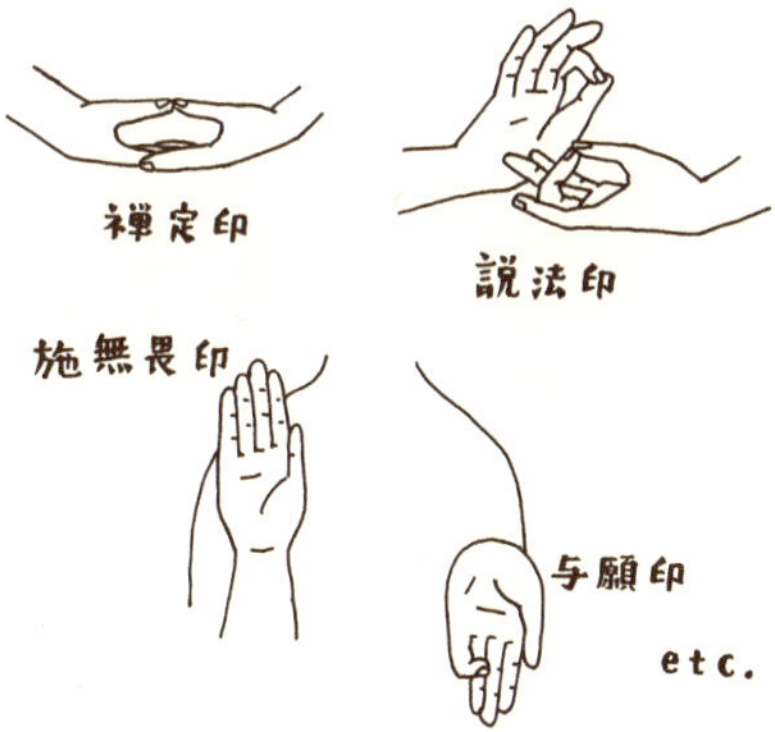

30

引導 〔いんどう〕

浄土真宗では行わない儀式

「引導を渡す」という言葉があります。あきらめ切れないで迷っている人に、最後的な言葉を言い渡して、覚悟をきめさせ、あきらめさせるという意味なのでしょう。

葬式のとき、死者が迷わぬよう、僧が法語を与えることを引導といいます。死者を仏界に導くという意味で、禅宗★では、このとき「カッ」と大声を発するのはよく知られています。

死者に対する引導の儀式は、浄土真宗★では行いませんし、宗派によっても種々に異なっているようです。

本来、引導とは、誘引開導の意味で、人びとを教え導いて、仏の道に引き入れることをいいます。

★「衆生《しゅじょう》を引導する」と、仏典によく出て来るように、迷っている人びとを、仏道に導くことなのです。

その意味では、死んでからではなく、★聞法《もんぼう》は生きている間にと思うのですが……。

別の会社で
新しい人生を歩んで
ください。
引導を渡す。

31

有為転変 【ういてんぺん】

「諸行無常」と同じ意味

「有為転変の世の習ひ、今に始めぬ事なれ共《ども》、不思議なりし事ども也《なり》」

『太平記《たいへいき》』に出てくる有名な文です。

有為は「作られたもの」という意味です。さまざまな因と縁との和合によって生じた現象のことですから、有為は絶えず消滅して無常なのです。

いろは歌にある「有為の奥山」というのは、このような無常の世を脱することの難しさを深山にたとえています。

そして、これを超えた常住不変の絶対的な存在を、無為《むい》といいます。

転変は「うつりかわること、変化すること」をいいますから、有為転変は、因《いん》縁《ねん》によって生起《しょうき》した一切のものは移り変わっていることで、諸行無常と同じ意味をもつ言葉です。

日本でも時代の移り変わりを実感する今日この頃ですが、世界はそれにもまして激動の時代に入っているようです。

世の中は何か常なる飛鳥川《あすかがわ》
昨日の淵ぞ今日は瀬になる

『古今集』

昨日は
愛してるって…
ごめんなさい。
もう
別れましょう。

32

浮世 ［うきよ］

ウキウキと生きたい

みなさんは歌麿《うたまろ》や北斎《ほくさい》、広重《ひろしげ》などの「浮世絵」や、西鶴《さいかく》の「浮世草子《ぞうし》」をご存じですか。江戸時代に、当世流行の風俗や世態を題材とした絵画や小説です。

浮世とは、当世風とか風流とか好色とかの意味のようです。式亭《しきてい》三馬《さんば》の滑稽本《こっけいぼん》「浮世床《どこ》」「浮世風呂《ぶろ》」や邦楽の一種「浮世節《ぶし》」など、浮世と名のつくものがいくらでもあります。

古くは、「憂世」と書かれていたようで、定めのないはかない世、栄枯盛衰のはげしい無常の世、憂苦に満ちた世という意味で、この俗世間のことでした。「浮世の風」などはそれを表しています。

近世になって、はかなく定めがないのだから、深刻に考えないでウキウキと享楽的《きょうらく》に生きるという考え方が加わってから、浮世と書かれる方が多くなり、現世、当世の意に用いられるようになりました。

みなさんにとって、この世は憂世ですか。それとも浮世ですか。

戦後憂世のウキウキソング。

33

有頂天

［うちょうてん］

迷いの世界のてっぺん

得意の絶頂になっていることを「有頂天になっている」といいます。喜びに夢中になって、他をかえりみない状態のことをいうのでしょう。

仏教では、迷いの世界を六つに分けて六道《ろくどう》★と呼び、その一番高いところが「天」の世界です。この天の世界もいくつかの段階に分かれていて、それぞれに名前がついています。三界二十八天というのだそうです。

その天の世界の中で、頂上に位置する天を、非想非非想処天《ひそうひひそうじょてん》といい、あらゆる存在者にとって最高の境地なのです。だから、この天は、存在者、つまり有の頂上にある天という意味で、有頂天と呼ばれています。

「有頂天に上《のぼ》りつめる」という意味から「有頂天になる」となったそうですが、有の最高の天とはいっても、まだ悟りの世界ではないので、あまり得意になっているとすべり落ちてしまいますぞ。

34

有無［うむ］

「うやむや」汝を如何せん

「所詮《しょせん》、有《う》象《ぞう》無《む》象《ぞう》の集まりだよ」などというように、有象無象は世の中にいくらでもいる種々雑多な、つまらない人間を意味する語句です。

「責任の所在がうやむやになる」という「うやむや」は、いいかげんなこと、曖昧《あいまい》なことを意味します。また「有無を言わせない」とは、つべこべ言わせず、いやおうなしに、という意味で一般に使われています。

仏教では、有象無象は「有相無相」とも書き、有形無形の一切のもの、森羅万象《しんらばんしょう》をいうのです。

お釈迦さまの頃の古いインドでは、物質には実体が有るか無いかなど、いろいろな命題をめぐって、有無の論争が展開されていました。つまり、「有耶《うや》？　無耶《むや》？」と問うのです。

これに対して、お釈迦さまは、有に固執《こしゅう》する常見も、無に固執する断見も、ともに偏見だとして、中道《ちゅうどう》に帰《き》すことを説かれました。つまり、「有無を言わせない」教えでした。★『正信偈《しょうしんげ》』にも「悉能摧破有無見《しつのうざいはうむけん》」とあります。

仏教の語句から一般の日常語になったのですが、ずい分、違った意味になるものですね。

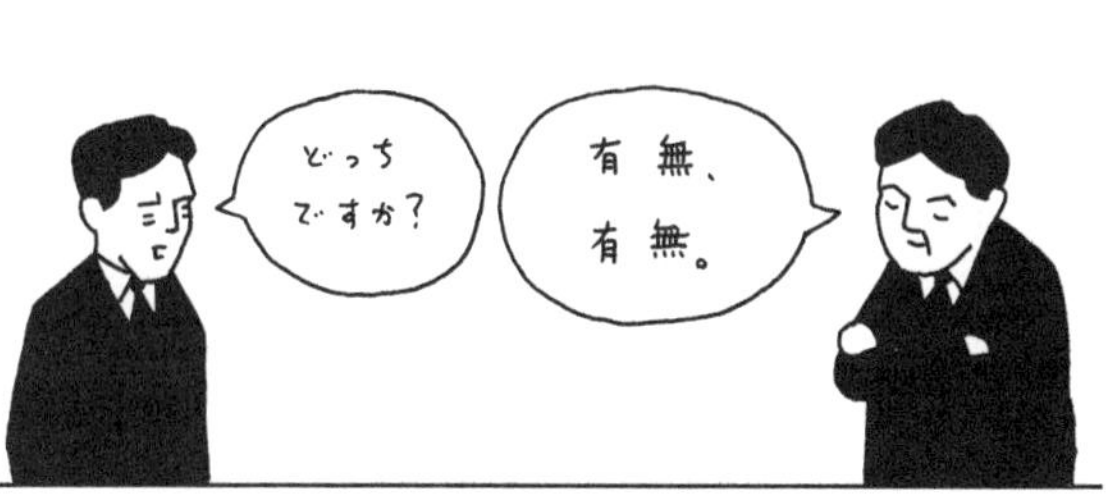

35

会釈

［えしゃく］

ルーツはお釈迦さまの説法

普通、ちょっと頭をさげて軽くおじぎをすることを「会釈をする」といいます。

しかし、本当は、もっと深い意味があるのです。

お釈迦さまの説法《せっぽう》は、対機《たいき》説法（相手の素質に適した法を説く）とか、応病与薬《おうびょうよやく》（相手の病に応じて薬を与える）とかといわれるように、たいへん広いものなので、その中には、一見矛盾《むじゅん》しているように思われる教えがあります。

そのときそれらの相違点を掘りさげ、その根本にある、実は矛盾しない真実の意味を明らかにすることを、「会《え》通《つう》」とか「会釈」というのです。

　そこから、あれこれ思い合わせて、納得できるような解釈を加えることや、いろいろな方面に気を配ること、儀礼にかなった対応をすることなどの意味を経て、今のような使い方になったと考えられています。

36

懐兎 〔えと〕

お月さまの別名

中秋の名月です。

月にはウサギがいるといいます。そこで今回は、『ジャータカ物語』から「月とウサギ」のお話を一席。

昔、森の中にウサギとサルと山犬とカワウソが仲良く暮らしていた。

ある日、修行者が托鉢《たくはつ》に来て、食物を乞《こ》うた。

カワウソは赤魚、山犬は肉と大トカゲと牛乳、サルはマンゴーの実、それぞれがその日手に入れた食べ物を布施《ふせ》した。

しかし、ウサギは施《ほどこ》すものを持っていなかった。

「あなたは薪《たきぎ》を集めて火をおこしてください。私はその火の中に飛び込みます。私の体が焼けたら、その肉を食べて、修行に励んでください」

しかし、薪の火はウサギを焼かなかった。修行者の姿に身を変えて、ウサギの気持ちを試した帝釈天《たいしゃくてん》は、このりっぱな行いが世界中に知れ渡るようにと、山を押し潰して出た汁で、月面にウサギの姿を描いた……という。

インドの人は、月のことを別名「兎《うさぎ》をもてるもの」「懐兎」と呼んでいます。

37 衣鉢を伝える ［えはつをつたえる］

修行僧の基本的持ち物

「衣鉢を伝える・衣鉢を継《つ》ぐ」とは、一般に宗教や学問、芸能、技術などの奥義《おうぎ》を、師が伝え、弟子がそれを受けるという意味で使われている言葉です。さらに、故人の遺志を継ぐ、跡目《あとめ》を相続《そうぞく》する場合にも使われています。

インド仏教では、修行僧の基本的な持ち物を「三衣《さんね》一鉢《いっぱつ》」といいます。三種類の衣（正装用の大衣《だいえ》・礼拝《らいはい》や聴講用の上衣《じょうえ》・作業や就寝用の下衣《げえ》）と一つの鉢《はち》☞184鉢（食器）で、これが僧の私有財産です。

こんな故事があります。

お釈迦さまの弟子・迦葉《かしょう》（マハーカッサパ）が、お釈迦さまからいただいた衣を、やがて世に出る弥勒仏《みろくぶつ》に伝えようとした故事。

★禅宗の始祖、達磨《だるま》大師が二祖《にそ》の慧可《えか》に法を伝えたとき、その証拠として衣鉢を授けたという故事。

　このような故事から、「衣鉢を伝える」とか「衣鉢を継ぐ」という言葉が生まれ、それが一般に広がっていったようです。

下衣　上衣　大衣

38

縁起［えんぎ］

球根だけでは花は咲かない

チューリップの花は、その球根から咲きます。球根が原因（因）で花は結果（果）です。

しかし、球根だけでは花は咲かず、温度・土質・水分・肥料・日光・人間の細心の手入れなど、さまざまな条件（縁）が球根にはたらいて花は咲くのです。

このように、すべてのものには、必ずそれを生んだ因と縁とがあり、それを因縁生起《いんねんしょうき》＝縁起というのです。現実には、因と縁と果とが複雑に関係しあい影響しあって、もちつもたれつの状態をつくっています。

★『阿含経《あごんきょう》』に「これある故《ゆえ》にかれあり、これ起こる故《ゆえ》にかれ起こる、これ無き故《ゆえ》にかれ無く、これ滅する故《ゆえ》にかれ滅す」とあります。

日常、よく「縁起が良い・悪い」という言葉を聞きます。吉凶のきざしという意味なのでしょうが、本来は、他の多くのものの力、恵み、お蔭《かげ》を受けて、私たちは生かされているという、仏教の基本的な教えなのです。

39

演説

［えんぜつ］

こんな演説なら有り難い

選挙です。選挙といえば演説です。全国各地では、連日、数多くの選挙演説が行われます。

仏教では、教えを演《の》べ説《と》くことを演説といいます。ですから、演説はいろいろな仏典に登場する語です。

例えば「世尊《せそん》、我等《われら》を哀愍《あいみん》して演説し給《たま》へ」（★『華厳経《けごんきょう》』）、「仏《ぶつ》、一音を以《もっ》て法を演説したもうに」（★『維摩経《ゆいまきょう》』）、「世尊、法を演説し」（★『法華経《ほけきょう》』）、「一切の経典を宣暢《せんちょう》し演説す」（★『無量寿経《むりょうじゅきょう》』）という具合です。

いずれも、お釈迦さまが真理や道理を、人びとに説きあかしているのです。

そこから、多くの人びとの前で、自分の主義主張や意見を述べることをいうようになったようで、街頭演説、応援演説、演説会場、演説口調など、すべてこの意味です。

また、講義し演説することを、講演ともいい、これもまた、日常よく使われる言葉です。

選挙中の候補者や応援弁士のみなさん、演説とはこんな意味ですので、ぜひ真実を説きあかしてください。

40

閻魔［えんま］

閻魔大王も人類だった⁉

久し振りに『地獄八景亡者の戯《じごくはっけいもうじゃのたわむれ》』という長い落語を聞きました。地獄という奇抜な設定ながら、現代を風刺した噺《はなし》です。

その中での圧巻は閻魔大王が登場する場面で、演者がものすごい形相《ぎょうそう》の閻魔顔になると、拍手が起こります。

閻魔はサンスクリット語「ヤマ」の音写語で、もともと、インドの古代神話の神でした。人類最初の死者といわれ、死者の楽園の王でしたが、のちに、死者の魂を死者の国へ連れていく神となり、やがて、死者の審判をするようになりました。

地蔵信仰などと交じりながら中国に入ると、さらに道教の俗信仰が加わって、十王の一に数えられ、おなじみの姿になりました。

閻魔は、閻魔の庁で閻魔の卒《そつ》を従え、閻魔帳（学校の先生も持ってますよ）を見ながら、浄玻璃《じょうはり》の鏡に写し出される死者の生前の罪を裁いています。

交通地獄、受験地獄に加えて、汚職事件の多い日本です。閻魔さまもお忙しいことでしょう。嘘をついてくれぐれも閻魔さまに舌を抜かれませんように。

41

往生

［おうじょう］

『大往生』はベストセラーにも

「こんどの事件には往生したよ」、「往生ぎわが悪い」、「交通渋滞で車が立ち往生してしまった」などと、往生という言葉は、どうしようもなくて困った時や、物事がゆきづまった時など、あまり良い意味には使われていないようです。一般に「往生した」といえば「死んだ」という意味です。

もともと、往生はこの世の命が終わって、他の世界に生まれることをいう言葉でしたが、浄土思想の発展によって、厭土《えど》を去って仏の浄土に生まれることを意味するようになりました。

極楽浄土に往って生まれるから「往生」なのです。

★阿弥陀仏の浄土は完全に煩悩《ぼんのう》が寂滅《じゃくめつ》した世界ですから、生まれるとただちに仏になるので、「往生即成仏《おうじょうそくじょうぶつ》」といいます。

★お領解文《りょうげもん》に「往生一《いち》定《じょう》」とあるのは、極楽に往生するのはまちがいないという意味ですから、本来は、たいへん有り難いことなのです。

42

大袈裟

［おおげさ］

僧のぎょうぎょうしい姿から

「あの人のいうことは、大袈裟だよ」というように、大袈裟といえば、実際よりもたいへんなようにいうさま、誇大とか、おおぎょうを意味する言葉です。

袈裟は、僧が衣の上につけている法衣のことですから、大袈裟は、文字通り、大きな袈裟のことです。

お釈迦さまの時代には、道端に捨てられている布切れを拾ってつなぎあわせて衣を作りました。これを糞掃衣《ふんぞうえ》といいました。衣はきわめて粗末な衣服だったのです。

その後、仏教が中国・日本に伝来してから、袈裟は、華美で装飾的なものとなり、儀式用に着用されるようになりました。僧がそのような大きな袈裟をぎょうぎょうしく掛けている様子から、規範の大きいこと、おおぎょうなことを意味するようになりました。

また、大きく袈裟がけに斬《き》りおろすことも、大袈裟と呼んでいるようです。

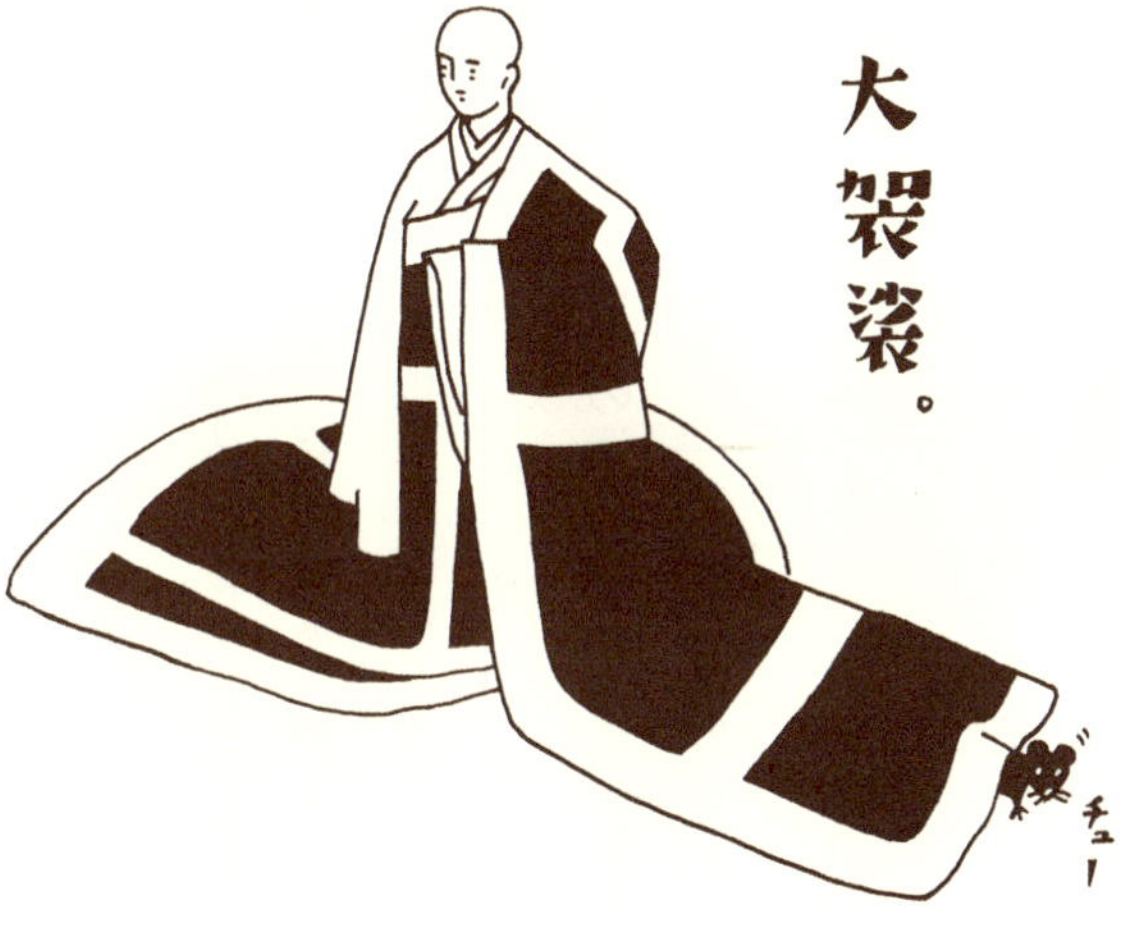

43

お蔭様

［おかげさま］

自分ひとりじゃ生きられない

「お蔭様で」は、感謝の心を表す日常語です。お蔭とは、神仏の助けや加護のことで、そこから、人から受ける恩恵や力添えをいうようになりました。

王舎城《おうしゃじょう》に住んでいたシンガーラカは、亡父の遺言によって、毎朝、東西南北と上下の六方《ろっぽう》に礼拝《らいはい》をしていましたが、意味は十分理解していませんでした。

お釈迦さまは彼に対して、こう教えました。

「東方を拝むときは、私を生み育ててくださった父母に感謝し、南方を拝むときは、私を導いてくださった師に感謝し、西方は妻や子に、北方は友人に、上方は沙門《しゃもん》に、下方は目下のもののご苦労に感謝せよ。それが六方を礼拝する合掌《がっしょう》の意味である」

この説法は「シンガーラカへの教え」（『六方礼拝経《ろっぽうらいはいきょう》』と漢訳）といい、在家向きの倫理道徳を説いたものとして、原始経典中★、重要なものとなりました。

仏教は、すべてのものは相互に関係しあい、多くのものの力、お蔭、恵みを受けて生きていると説きます。だから、当然、これらに感謝しましょう。

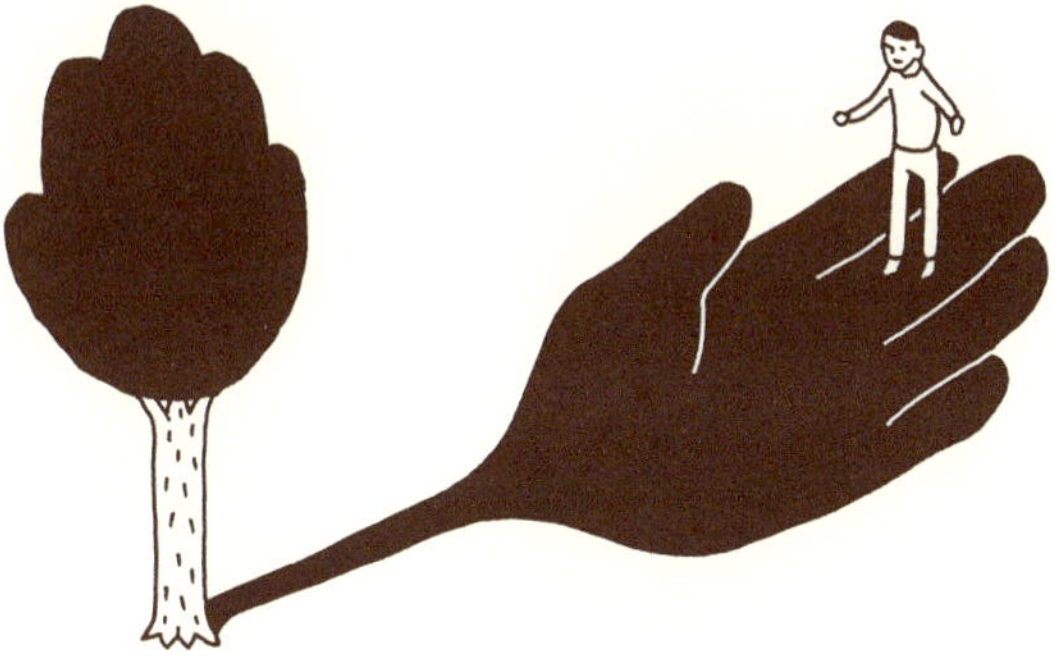

44

和尚

[おしょう]

「和」を「オ」と読むのは唐音

「山寺の和尚さんが……」と、童謡にも登場する和尚さんは、僧を親しんだ呼び名として、おなじみになっています。その読み方も、「オショウ」「ワジョウ」「カショウ」と宗派によってさまざまです。

この和尚の原語はサンスクリット語で「ウパーディヤーヤ」であり、その俗語「オッジャー」を音写した語で、先生とか、親しく教えてくれる師匠とかの意味です。インドの宗教界で広く用いられ、仏教にもとり入れられました。

その後、中国では、弟子をとる資格のある僧、弟子に戒を授ける師の呼称として用いられました。

日本では、朝廷が僧侶の官位を示す語として採用され、やがて広く高僧に対する尊称となりましたが、今では、僧一般を親しく呼ぶ語となっています。また、武道や芸道などの師匠のことや、上席の遊女のことを和尚と呼んだこともあったようです。

45

億劫

[おっくう]

きわめて長い時間×一億

めんどうくさくて気の進まぬことをよく「おっくう」といいますが、これは仏教語の億劫《おっこう》がなまったものです。

「劫」とは仏教でいう極めて長い時間で、『雑阿含経《ぞう★あごんきょう》』にある「芥《け》子《し》劫」と「磐石《ばんじゃく》劫」が代表的です。

芥子劫とは四方と高さが一由旬《いちゆじゅん》（古代インドの距離の単位で、帝王の一日の行軍の距離とか牛車の一日の旅程、約六十キロか）の鉄城に芥子が充満し、百年に一度、一粒ずつ持ち去って、すべてがなくなっても劫は終らないといい、磐石劫とは一由旬四方の大石があって、男が白氈《はくもう》で百年に一度その石を払い、石が摩滅《まめつ》しても劫は終らない、と説明しています。

億劫はその一億倍ということですから、気の遠くなるような時間です。『教行《きょうぎょう》信証《しんしょう》』に「真実の浄信は億劫にも獲《え》がたし」の億劫がそれです。

そんな長い時間を考えるのは、めんどうなのか。気の進まぬ仕事は時間がかかるのか。とにかく億劫が「おっくう」になりました。

46

隠密［おんみつ］

身をやつし姿を変えて

隠密はテレビの時代劇によく登場します。江戸時代の忍びの者のことであることは、よくご存じでしょう。伊賀者《いがもの》や甲賀者《こうがもの》で代表されるように、専ら《もっぱ》密偵《みってい》を仕事とするスパイです。江戸幕府では表向きの監視役である目付《めつけ》に対し、隠し目付・忍び目付と呼ばれる陰の監視役でした。

仏教では、仏の教えの本旨が経典の表面に明瞭に顕れ《あらわ》て説かれている教えと、表に出ないで、言説の奥に内深く隠されている真意があるといいます。

前者を「顕彰《けんしょう》」といい、後者を「隠密」といっています。

★『教行信証』に「★観無《かんむ》量寿経《りょうじゅきょう》を按《あん》ずるに、顕彰、隠密の義あり」とあるのがそれで、『観無量寿経』のお経の文面だけを見ると、定散諸行《じょうさんしょぎょう》と自力《じりき》念仏の教えが説かれています（顕彰）が、その奥には★他力《たりき》念仏が明かされてある（隠密）ことをいうのです。

まァ. 大きなブローチ! 私のが小さく見えるワ
ブローチでかすぎ! だいたい似合ってないのよ!

顕彰　隠密

47

懐石［かいせき］

「会席」ならば酒宴料理

懐石料理といえば、茶席で招待した客に茶をすすめる前に出す手軽な料理のことで、茶懐石とも呼ばれています。

仏教では、インド以来「非時食戒《ひじじきかい》」という定めによって、修行僧は正午から翌日の暁《あかつき》まで、食事を禁止されていました。現在でも南アジアでは、厳守されている定めです。

仏教が北方地方に広がってくると、修行僧はあたためた石を布に包んで腹に入れ、飢えや寒さを防いだのでした。これを薬石《やくせき》といいます。

後に禅宗★では晩に粥《かゆ》を食べたところから、一般に夕食のことを薬石と呼んでいますが、それは僧が健康を保つための薬という意味なのです。

あたためた石を懐《ふところ》に入れて腹をあたためる程度に、腹を満たす料理という意味から、懐石料理となりました。

懐石料理を食べるときには、昔の修行僧のことを思い出してはいかがですか。

48

海潮音

［かいちょうおん］

潮の流れのように

みなさんは、ヴェルレーヌの「秋の日のヴィオロンの……」とか、カール・ブッセの「山のあなたの空遠く……」の詩をご存じですか。この有名な詩は、上田敏《うえだびん》の訳詩集『海潮音』に収められています。

★『法華経《ほけきょう》』に「妙音観世音《みょうおんかんぜのん》、梵音海潮音《ぼんのんかいちょうおん》、かの世間の音に勝《まさ》れり」とあります。上田敏は、このお経の文句から『海潮音』という題名をつけたのだそうです。

「梵音」とは清らかな音声《おんじょう》、尊い御声《みこえ》で、仏の声を称《たた》えていったものなので、「海潮音」は、音の大きいのを海潮にたとえていったものですから、仏の真理の言葉は、大きく遠くまで伝わることを意味しています。

また、一説によると、★仏《ぶっ》・菩《ぼ》薩《さつ》の説法が、★衆《しゅ》生《じょう》の必要に応じて、時をたがわずなされることを、海水が時を定めて潮の満ち引きをするのにたとえられたものという解釈もあります。

久し振りに『海潮音』の詩を読んでみましょうか。

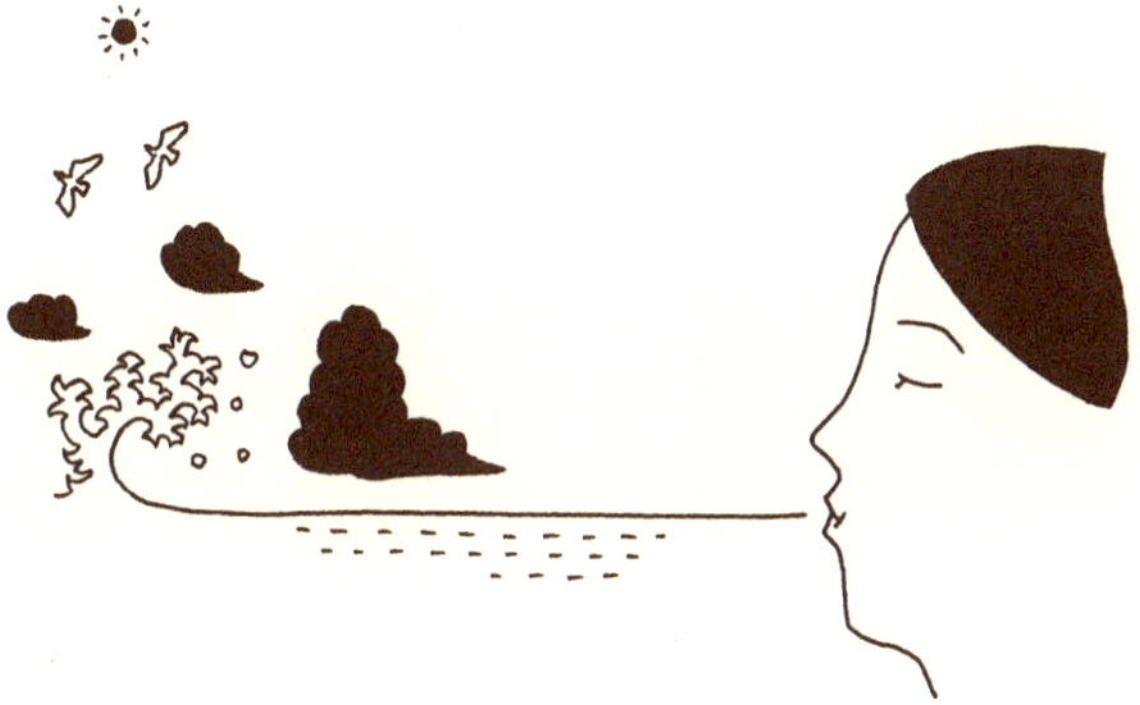

49

開発

［かいはつ］

仏教では「カイホツ」

国土開発・電力開発・産業開発・技術開発などと使われているように、開発とは、山地などを切り開いて、天然資源をとり出し、産業をおこして、生活に役立つようにすることや、知識をひらき導くことを意味している日常語です。

教育界では、生徒の自発的な学習をうながすような教育方法を指しています。

その開発が仏教語なのです。

仏教では「カイホツ」と読み、他人を悟らせること、自らの仏《ぶっ》性《しょう》をうち開くことをいいます。

人間にはだれでも、仏性といって仏になる可能性（タネ）が秘められているとされています。それを開き、明らかにすることをいうのです。

人間の心の内を「カイホツ」する仏教語が、天然資源などを「カイハツ」する日常語となって、一般化していきました。

開発

50

餓鬼

［がき］

手にとる食物が火に変わる

「ガキ大将」で代表されるように、ガキは子どものことを、いささかいやしんで呼ぶときに使われています。「うちのガキが学校でね」という具合です。

餓鬼とは、本来、人間がこの世で行った行為の報いとして、次の世に受ける六つの世界（★六道《ろくどう》）つまり、地獄《じごく》・餓鬼・畜生《ちくしょう》・阿修羅《あしゅら》・人間《にんげん》・天《てん》の一つで、この世での「むさぼり」の報いとして、飢《う》えや渇《かわ》きの苦しみが満ちた餓鬼道に落ちた者をいいます。

お盆☞201盆は、餓鬼道に落ちていた目連尊者《もくれんそんじゃ》の母親が、救われて天上界に上る物語からはじまったと伝えられています。

ところで、餓鬼に無財餓鬼と有財餓鬼とがあるそうです。無財餓鬼はわかるのですが、有財餓鬼とは？　物や金があればあるほど、いっそう欲が深くなり、渇望が強くなって苦しむとか……。

また、子どものことをなぜガキというのでしょうか。育ち盛りの子どもは、いつも腹をすかせてガツガツ食べるからだとか……。

51

覚悟 ［かくご］

お覚悟召されい！

一般に覚悟といえば、あらかじめ心構えをすることや、心の用意をするという意味で使われています。

また、「覚悟しろ」などという場合は、あきらめることや観念することのようです。

『広辞苑』によると、覚悟は①（仏教語）迷いを去り、道理をさとること。②知ること。③記憶すること。暗誦《あんしょう》すること。④心に待ち設けること。心がまえ。⑤あきらめること。観念すること、と説明しています。

これをみますと、まず第一に仏教語としての意味を挙げているように、覚悟は「さとり」を基本とした仏教語だったのですね。

本来、覚悟は眠りからさめることと、目がさめていることを意味する言葉ですが、もともと、「覚」も「悟」も「さとり」ということですから、迷いを去り、真理を体得し、さとりの智恵を得ることを意味する仏教語なのです。

しかし一般では、仏教語としての意味で使われることは、少ないようですね。

52

学生 【がくせい】

仏教では「ガクショウ」

新学年が始まり新しい学生さんが、次々に大学の門に入っていきます。

仏教では、「ガクショウ」と読み、「学匠」とも書きます。

もとは寺院に寄寓《きぐう》（仮住まい）し、仏教以外の学問を学ぶ者に名づけられたようですが、日本仏教界では、仏教を学ぶ者に用いていきます。

★真言宗《しんごんしゅう》の金剛業学生《こんごうぎょうがくしょう》、胎蔵業学生《たいぞうぎょうがくしょう》や、海を渡って大陸に学ぶ人を留学生《るがくしょう》、学んで帰国した人を還学生《げんがくしょう》という具合です。

学者も学徒も、もともと同じ意味でした。

比叡山《ひえいざん》（★天台宗《てんだいしゅう》）を開いた★伝教大師《でんぎょうだいし》は、山内で学問をする学生たちの学則ともいえる『山家学生式《さんげがくしょうしき》』を著しています。

比叡山の衆徒《しゅと》は、学生である大衆《だいしゅ》と、一山の雑務を担当する堂衆《どうしゅ》とに分かれていました。

★親鸞聖人《しんらんしょうにん》は堂僧《どうそう》であったと伝えられています。常行堂《じょうぎょうどう》に奉仕しながら、常行三《ざん》昧《まい》を修める不断念仏僧《ふだんねんぶつそう》だったようです。

いずれにしても、学生とは学問に従事する生徒のことですから、しっかり学問してくださいよ。

53

過去・現在・未来

［かこ・げんざい・みらい］

「いま・ここ」のかけがえなさ

過去・現在・未来は、時の流れを表す日常語です。

仏教では、これを「三世《さんぜ》」といいます。過去は過ぎ去ったもの、現在は生起したもの、未来はいまだ来ないものという意味です。

三世は過去・現在・未来のほかにも、前世・現世・後世ともいい、略して「過現未《かげんみ》」とか「已今当《いこんとう》」ともいいます。

しかし、これらの言葉には、どこにも「時」という語が見当たらないのです。

それは、仏教では、時間というものを実体としてあつかわず、存在するものの変遷としてとらえられるからなのです。その過程の上に、仮に三つの区別を立てているにすぎないと説きます。

仏教は、その三世の中でも、現在を問題にします。

それは、過去は現在の原因として、未来は現在の結果としてあるものだから、現在がすべてだ、と考えるからです。

お寺の門の脇の掲示板に、こんな言葉を見つけました。

「過去を悔いず、未来を待たず、現在を大切にふみしめよ」

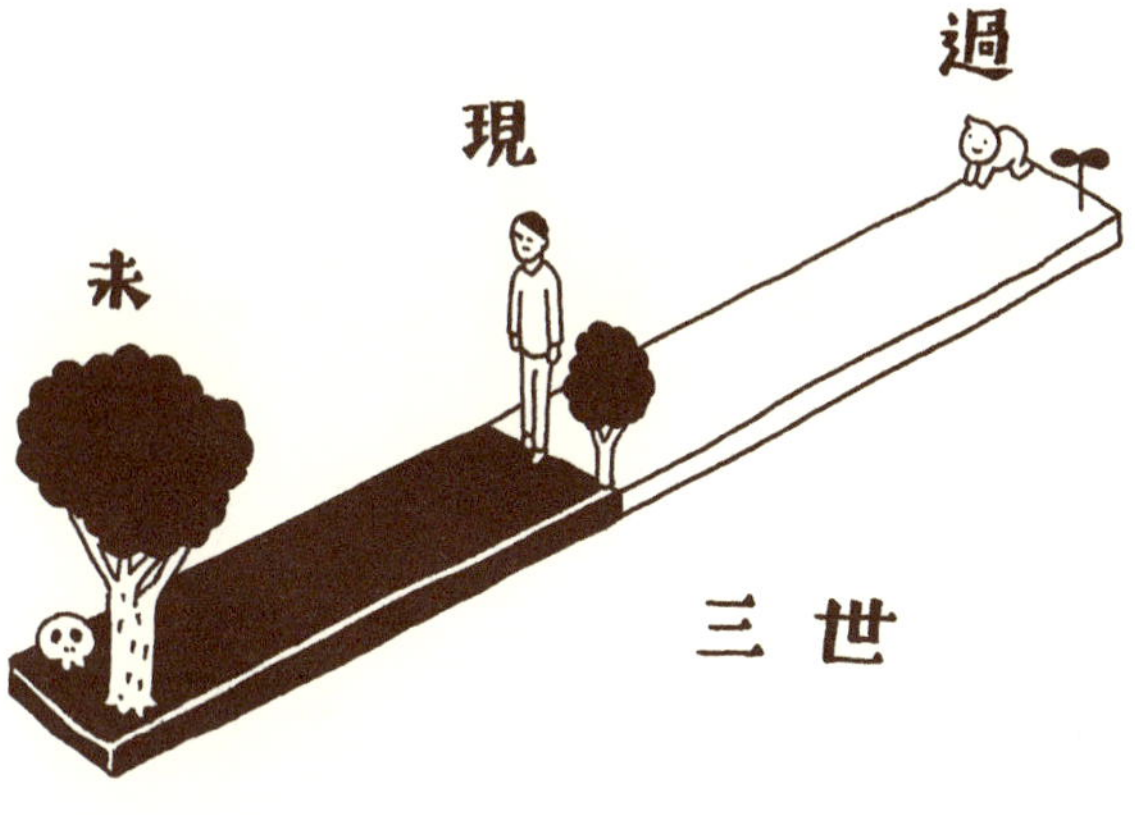

54

呵責 [かしゃく]

叱るべきときには厳しく

「良心の呵責に堪《た》えかねて」などと使われるように、呵責は、厳しく責めさいなむことを意味する日常語として知られています。

この呵責は仏教語で、仏典にもよく出てきます。修行僧の守るべき規律を記している律蔵《りつぞう》の中に、修行僧がそれを破ったときの治罰する方法の一つとして、衆僧の面前で呵責することが挙げられています。つまり、お釈迦さまは、その僧を責め叱《しか》りつけ、非難されるのです。

その意味では、現在使われている呵責の意味と同じだったといえますね。

お釈迦さまは、おだやかで優しい人だったと伝えられています。しかし、叱るべきときには、きちんと厳しく叱りつけられたのでした。

最近、少年少女の非行がよく問題にされていますが、このようなお釈迦さまの態度を参考にされてはいかがですか。

55

我他彼此

［がたぴし］

自分は自分、他人は他人

「雨戸がガタピシする」などと、戸や障子《しょうじ》などの建てつけが悪く、騒々しいことを「ガタピシ」といいます。現代の建築では、もうそんなことは少なくなったと思っていましたが、耐震強度偽装事件が発覚し、ガタピシ程度ではなくなってしまいました。

最近の悲惨な事件をみると、人間関係がギクシャクしているところから起こった事件が多いようです。そのような人間関係や、または、会社や組織などの運営が円滑にゆかないことも、「ガタピシ」しているといいます。

この「ガタピシ」は擬音語と思われますが、漢字で書くと「我他彼此」で、仏教語なのです。

自分と他人や、あれとこれというように、物事を対立してとらえることで、これを「我他彼此の見《けん》」といいます。そこからさまざまな衝突や摩擦が生じて、円滑を欠く状態となるのです。

仏教は「此《これ》あるが故《ゆえ》に彼《かれ》あり」というように、相互関係を重視した教えです。

ですから、人間関係や組織運営など、相互関係を大切にしたいものですね。

56

葛藤

［かっとう］

どちらも譲らず絡まり合う

「心の葛藤」といえば、心理学の用語として有名です。心の中に、それぞれ違った方向あるいは相反する方向の力があって、その選択に迷う状況をいいます。これが問題なのは、現代社会の中で増大しているいろいろな形の神経症や異常な性格形成の素因と考えられるからだそうです。

葛藤は「かずら」と「ふじ」です。ともにつる草で、絡まり合ったり、まとわりついたりするので、一般には、悶着《もんちゃく》・相克《そうこく》・抗争の意味に使われ、欲求の心中での対立という心理学の用語となりました。

仏教では、このつる草が樹にまとわりついて、ついには樹を枯死させてしまうように、人が愛欲に堕《だ》すると、自滅してしまうと教え、愛欲煩悩を「葛藤」にたとえています。（『出曜経《しゅつようきょう》』）

禅では、文字・言句のみにとらわれることにたとえています。

そして、このように絡み合っているところを、一挙に断ち切る一句を「葛藤断句」といいます。

57

果報

［かほう］

寝て待っているだけでいい？

「果報は寝て待て」という諺《ことわざ》があります。幸運を求めるにはあせってはいけませんよ、待っていれば自然とやって来るものです、という意味なのでしょう。また運が強く、しあわせな人のことを、よく果報者といったりします。

仏教では因果応報《いんがおうほう》の理《ことわり》を説いています。因果とは原因の「因」と結果の「果」ですから、人の行いや考え方の善悪に対して、必ずそれに応じた結果があることをいっているのです。善因善果、悪因悪果がそれです。ですから、果報とは「報いとして受ける結果」のことをいいます。

一般に使われている果報は、しあわせな善い結果の場合だけのようですが、本来の果報には善果も悪果もあります。

しかも、それはあなたの行動や考え方によると説かれているのですから、寝て待っているだけではどうもいけないようですよ。

58

我慢

【がまん】

強情な態度⇔堪え忍ぶ姿

阪神・淡路大震災のとき、ワシントン・ポスト紙は「多くの被災者のキーワードはGAMANだ。GAMANとは困難に耐える意味の日本語で、ここでは大切な美徳なのだ。市民たちはお互いに、我慢、我慢と助け合って苦難を乗り越えようとしている」と伝えました。我慢は、辛抱《しんぼう》すること、堪え忍ぶことを指し、よい意味に用いられています。

この我慢は、仏教語なのですが、あまりよい意味ではないのです。自分の中心に「我《が》」があるとの考えから、我をたのんで自らを高くし、他をあなどることと説明しています。仏教では、そのようなおごりたかぶる心を七つ挙げ、「★七慢《しちまん》」と称していますが、我慢もその一つです。

それが、我が強い、負けん気が強い、がんばる、辛抱するなどと変化したようです。それにしても良くない意味の語が、よい意味の語に変化していったのはおもしろいですね。

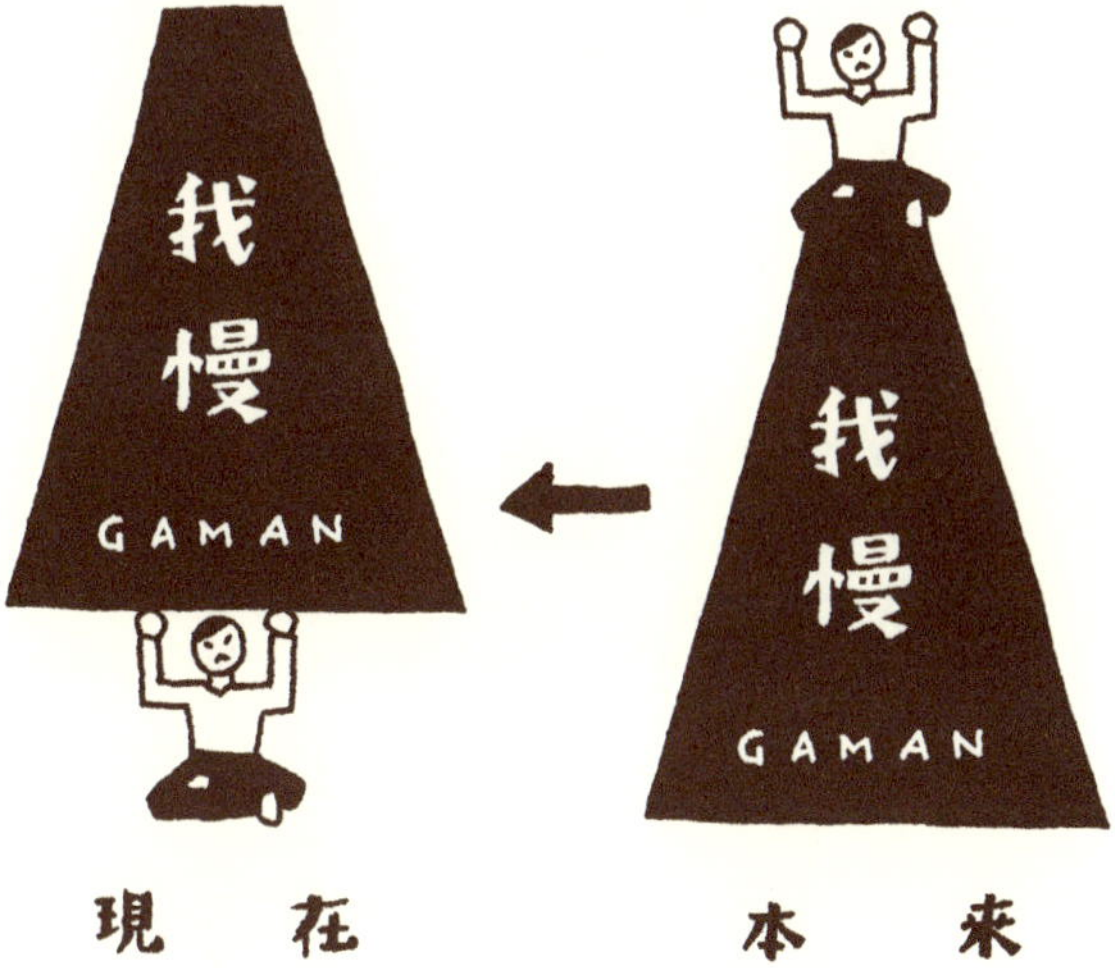

59

伽藍堂［がらんどう］

「伽藍鳥」はペリカンの別名

広い場所に誰もおらず、何もない空虚なさまをよく「がらんどう」といいます。

伽藍は、サンスクリット語の「サンガーラーマ」を音写した「僧《さん》伽藍摩《がらんま》」の上下が省略された語で、精舎《しょうじゃ》と訳されて、「僧たちが集まって修行する、清浄閑静なところ」という意味です。

いつもは布教伝道の旅に出ている僧たちが、一年に一度、雨季に精舎に集まり、お釈迦さまと共に修行のまとめ（それを雨安居《うあんご》といいます）をしました。竹林《ちくりん》精舎や祇園《ぎおん》精舎は有名です。

「奈良七重《ななえ》　七堂《しちどう》伽藍　八重桜《やえざくら》」と歌われているように、中国や日本では七つの堂を備えたものを一伽藍といいました。「がらんどう」は、伽藍の内部が広々としていたのでしょう。

　また、伽藍堂は、寺院を守護する神（伽藍神という。たとえば興福寺の春日《かすが》神社、延暦寺の山王《さんのう》権現《ごんげん》など）をまつった堂のことをいったという説もあります。

瓦

［かわら］

「カパーラ」から「かわら」へ

本願寺御影堂《ごえいどう》平成大修復が完成し、お堂の屋根には、十一万五千余の真新しい瓦が葺《ふ》き上げられ、新しい伽藍《がらん》輝く御影堂の全容が姿を現しています。

昭和六十年（1985）に、阿弥陀堂《あみだどう》の昭和修復事業が完成していますので、このたび、両堂そろって真新しい瓦葺きの堂宇がそびえ立つことになりました。

この瓦は、サンスクリット語の「カパーラ」を音写したもので、日本へは、飛鳥時代に中国から百済《くだら》を経て、仏教伝来とともに伝えられ、寺院の屋根に用いられました。

当時の記録によると、「百済から瓦博士が来た」とか、「瓦葺きといえば寺院を意味した」とか伝えています。

　寺院建築用だった瓦は、やがて官庁や民間の一般住居にも普及していったのですが、その製造技術も中国に劣らないものとなりました。

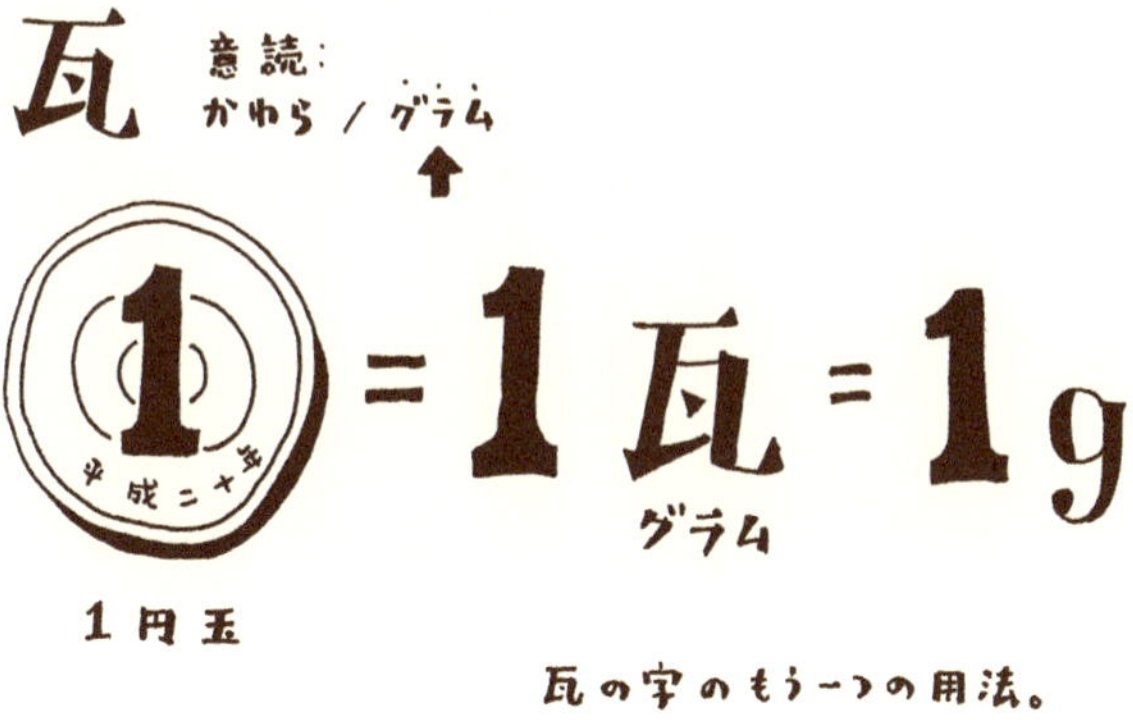

61

歓喜 ［かんき］

仏教では「カンギ」

年末には、よくベートーベンの交響曲第九番が演奏されますね。終楽章の合唱の歌詞は、シラーの詩「歓喜に寄す」です。これを聞かないと、年が越せないファンもおられます。

普通、歓喜は「カンキ」と読み、たいへん喜ぶことを意味しますが、仏教語としては「カンギ」と読み、宗教的な満足を、全身心をあげて喜ぶことを意味します。

仏典には、仏の教えや仏の名号《★みょうごう》を聞いて、歓喜踊雀《ゆやく》することが、よく説かれています。

信心歓喜《しんじんかんぎ》といえば、本願を信じて喜ぶことを表します。空也《★くうや》や一《★いっ》

遍《へん》などは、その喜びを踊りに表しました。

菩薩の歓喜地《じ》、歓喜光《こう》、歓喜会《え》など、歓喜のつく仏教語は数多くあります。

★親鸞聖人《しんらんしょうにん》は「歓は身をよろこばせ、喜は心をよろこばせることで、歓喜は、往生が確かに得られると信知して、結果を得る前から、あらかじめ喜ぶ心」であると『★一念多念証文《いちねんたねんしょうもん》』の中で説かれています。

みなさん、歓喜にあふれた生活を送りたいものですね。

1000000

古代エジプトの100万を表す象形文字。

62

寒苦鳥 ［かんくちょう］

身につまされる仏教説話

寒くなってきましたね。そこで今回は、想像上の鳥・寒苦鳥のお話を一席。

「ヒマラヤの中腹に気候の良い地域があった。そこに住む鳥は、花を求めてその香に酔い、木陰に休んで木の実を食べ、一日中遊びにふけった。

ところが、日が西に沈み、やがて山上から肌をさすような冷たい風が吹いてくると、枝の上の鳥は、帰り住む巣を造っていなかったことに気づき、「夜が明けたら巣を造ろう」と、悲しげに鳴いたという。

しかし、朝がきて明るい日ざしにつつまれるころになると、もう夜の寒さに悲しんだことも忘れて、一日を遊び暮らし、日暮れとともにまた、寒さの中で鳴かねばならなかった」と、紹介されています。

夜には「夜が明けたら巣を造ろう」と鳴き、昼には「無常の身だから巣など必要ない」と鳴くこの寒苦鳥を、仏教では、人間のなまけ心、仏道を求めない心にたとえています。

みなさん、冬の準備はできましたか。

63

観察［かんさつ］

仏教では「カンザツ」

「自然を観察する」「子どもの行動を観察する」「動物の生態を観察する」「観察力が鋭い」「観察眼を養う」「観察記録をつけよう」など、観察は、物事をくわしく見てしらべること、物事のありのままの現象を、客観的に、注意深く見きわめることを意味する日常語です。

仏教では「カンザツ」と読み、智恵によって対象を正しく見きわめることを意味します。

お釈迦さまは、自分を含めた世界を観察思惟《しゆい》し、そのあるべき姿を説かれたといわれています。

★善導大師《ぜんどうだいし》の『★観経疏《かんぎょうしょ》』には、五種の正《しょう》行《ぎょう》が説かれていますが、その中に「観察正行」があります。一心にもっぱら浄土の★阿弥陀仏や、その浄土のありさまに心をそそいで、それを観察し、常に思うことと説明されています。

その他にも、観察時衆《じしゅう》、観察得失《とくしつ》など、観察という語は仏典に多く出てきます。

観察は智恵によって行うものですから、物事を見るときには、私情や主観をまじえないで、あるがままに、観察してもらいたいものですね。

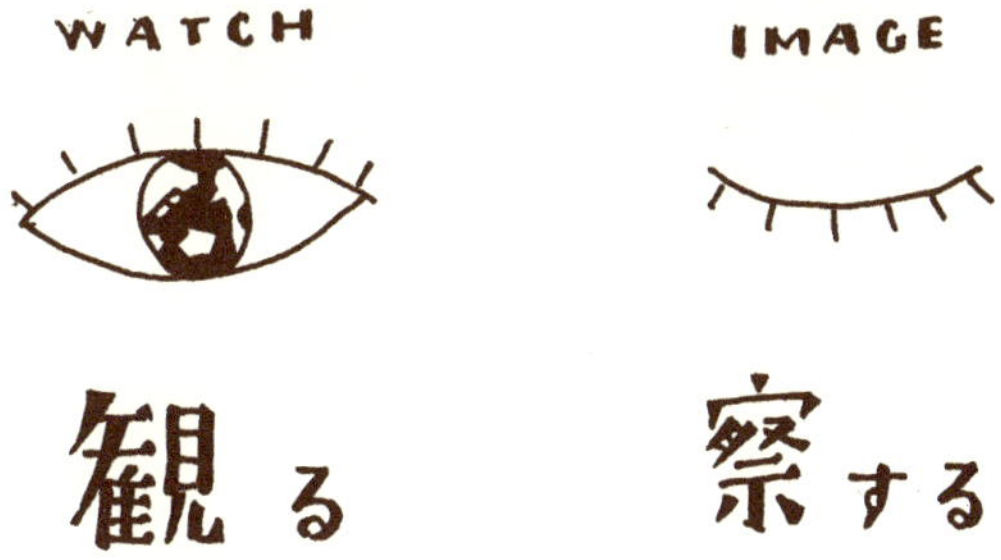

64

堪忍

［かんにん］

菩薩も堪え忍ばれている

徳川家康の『人生訓』の一つに「堪忍は無事長久の基《もとい》」とあります。「ならぬ堪忍するが堪忍」「堪忍袋の緒が切れた」「堪忍してください」と、堪忍は、堪え忍ぶこと、我慢すること、怒りをこらえて他人の過失を許すことを意味する言葉です。

私たちの世界は、苦しみや悩みが満ちていて、人は堪え忍んで悪をなし、菩薩は教化《きょうけ》のために堪え忍んで苦労しておられるので、現実の世界を、堪え忍ぶ世界という意味の「堪忍世界」とか「堪忍土」といいます。

また、堪え忍ぶという意味のサンスクリット語「サハー」から、娑婆《しゃば》☞107娑婆世界とも呼んでいます。

菩薩の十地《じゅうじ》（菩薩の修行の位を十の段階に分けたもの）の第一は「堪忍地」で、菩薩がこの位に達すれば苦悩をよく堪え忍ぶといいます。

このように、堪忍は仏典にしばしば登場します。

最近は、何事につけても、すぐにカーッとなって「キレる」人が多いようですが、心を大きくもって、グッとこらえましょう。「堪忍は一生の宝」といいますからね。

もうガマン
できないから、
娑婆へ戻してくれ。
ガマンできない人
は戻れないよ。

65

観念 [かんねん]

時はカンネンなり

「また遅刻か。キミは時間の観念がないゾ」

「もうこの辺で、観念したらどうかネ」

観念は見解や思い、覚悟やあきらめを意味する日常語です。

とくに、西洋哲学がわが国に輸入され、ギリシャ語の「イデア」を観念と訳してからは、経済観念、善悪の観念、観念論など、さまざまな分野で用いられるようになりました。

この観念は仏教語で、「観察《かんざつ》し思念すること」という意味です。

真理や仏の姿などを、こころを集中して思い浮かべて深く考えることです。

そのことによって、自分を仏に近づけようとする修行が、インドでは古くから行われたといいます。★阿弥陀仏や極楽浄土の相を観念する観想の念仏に対し、★法然聖《ほうねんしょう》人《にん》は「観念の念にもあらず」と述べ、「南無阿弥陀仏」と称える称《しょう》名《みょう》念仏を説かれました。

六月十日は「時の記念日」です。時間の観念のない人は、この情報化社会で取り残されてしまいますよ。

66

看病［かんびょう］

ビハーラ活動を知っていますか

病人を看護することを看病というのは、誰でも知っていますが、むしろこれが仏教からきた語であることを知っている人は少なく、死んでからが僧の仕事だと思っている人さえいます。

ところが、『大言海《だいげんかい》』には「僧侶の説法・呪法などして病者を癒《いや》すこと」を、看病の意味に挙げています。

★『梵網経《ぼんもうきょう》』には「看護福田《ふくでん》は第一の福田なり」と、看護が仏教の重要な行いであることを説いています。

仏教の修行者のことを看病者というぐらいです。

「ビハーラ」とか「ホスピス」という語があります。それは「病院で見放された治る見込みの少ない人びとを、さまざまな苦しみや死の不安から解放するために、一人の病める人間としてあたたかく看護し、最後の一瞬まで精一杯生きることを援助する、一つの全人的な看取《みと》りの運動、施設、心を意味する」と、ビハーラ講座で教えられました。

　仏教を通じて終末期ケアにあたる特別養護老人ホーム「ビハーラ本願寺」が京都府城陽市に建設され、2008年から事業開始です。

विहार　vihāra
ヴィハーラ

67

甘露

［かんろ］

生き返るほどに美味

のどが渇いたとき、冷たいビールや水を一気に飲めば「甘露、甘露」と叫びたくなりますね。

一般に、おいしい飲み物を甘露といいますが、「甘露水」以外にも「甘露煮」や「甘露梅」などのように甘い食べ物にも使われる言葉です。

甘露は、天から与えられる甘い不老不死の霊薬で、中国古来の伝説によると、天子《てんし》が仁政《じんせい》を行えば、天から降るといわれているものです。

インドではサンスクリット語で「アムリタ」といい、神々が飲む不老不死の霊液で、これを飲むと苦悩が去り、長寿になり、死者をも甦《よみがえ》らせるといいます。そこから仏の教え、仏の悟りを表すたとえの語になりました。

『今昔《こんじゃく》物語』に「我、甘露の法門を開いて、彼《か》の亜羅邏仙《あららせん》を先《ま》ず度《ど》せんと」とあるのをはじめ、甘露法雨、甘露城、甘露王などの語があります。

　お釈迦さまが誕生のとき、天界の龍王が下界して甘露をそそいだという伝説から、四月八日の灌仏会《かんぶつえ》には、誕生仏に甘茶《あまちゃ》をかけるようになったということです。

　では、甘茶を一パイ。

68

祇園［ぎおん］

―IT長者に聞かせたい話

京都の三大祭の一つ、祇園祭は、華麗な山鉾巡行《やまぼこじゅんこう》でにぎわいます。祇園といえば、だらりの帯の舞妓《まいこ》さんを連想したり、『平家《へいけ》物語』の一節を思い浮かべたりする人もいることでしょう。

インドの舎衛《しゃえ》国《こく》に一人の富豪がいました。孤独な人を哀れみ施しをしたので、給孤独長者《きっこどくちょうじゃ》と呼ばれていました。長者はお釈迦さまに深く帰依《きえ》し、寺院を寄付したいと探しまわって見つけた土地が、祇《ぎ》陀《だ》太子《たいし》の土地でした。太子は、土地に金貨を敷きつめたら譲ろうと、冗談で言ったところ、長者はその通り実行し始めたので、太子は驚き、長者の熱心さにうたれ、土地を譲り、自らも樹木を寄付して寺院建設に協力しました。
この由来から、寺院は両者の名をつけて「祇《ぎ》樹給孤独園精舎《じゅきっこどくおんしょうじゃ》」——略して祇園精舎といいました。

　京都の祇園は、平安時代に藤原基経《もとつね》が牛頭《ごず》祠《し》を建て、祇園精舎の故事にちなんで祇園社と名づけたところから始まったのです。

山がボーッてなって
街がワーッてなってピーンと
なってチリンチリーンて鳴って
ドドーンて花火なの!
楽しかったんだねェ。
擬音による祇園。

69

機嫌［きげん］

そしり嫌われない戒律があった

「ごきげんよう」「機嫌をとる」「機嫌をなおす」「ご機嫌うかがい」とか「彼女はご機嫌ななめ」などと、機嫌は気分のよしあしをいう日常語として、一般によく使われています。

機嫌は「譏嫌」と書き、仏教語でした。譏嫌とは、譏は「そしる」、嫌は「きらう」という意味ですから、他人をそしりきらうこと、世の人たちが嫌悪することをいいました。

仏教の戒律《かいりつ》の中に、譏嫌戒という戒《いまし》めがあります。たとえば「酒を飲むな」「五辛《ごしん》を食うな」など、行為それ自体は罪悪ではないが、世の人たちからそしり嫌われないために制定されたそうです。人が不愉快に思うことはしない、という戒律でしょう。「譏嫌を護《と》る」という語句も仏典にあります。他人のそしり嫌うことをしないという意味で、現在用いられている「機嫌をとる」と同じだということです。

仏教語が一般に使われ、気分とか心持ちの意味に変化していきました。

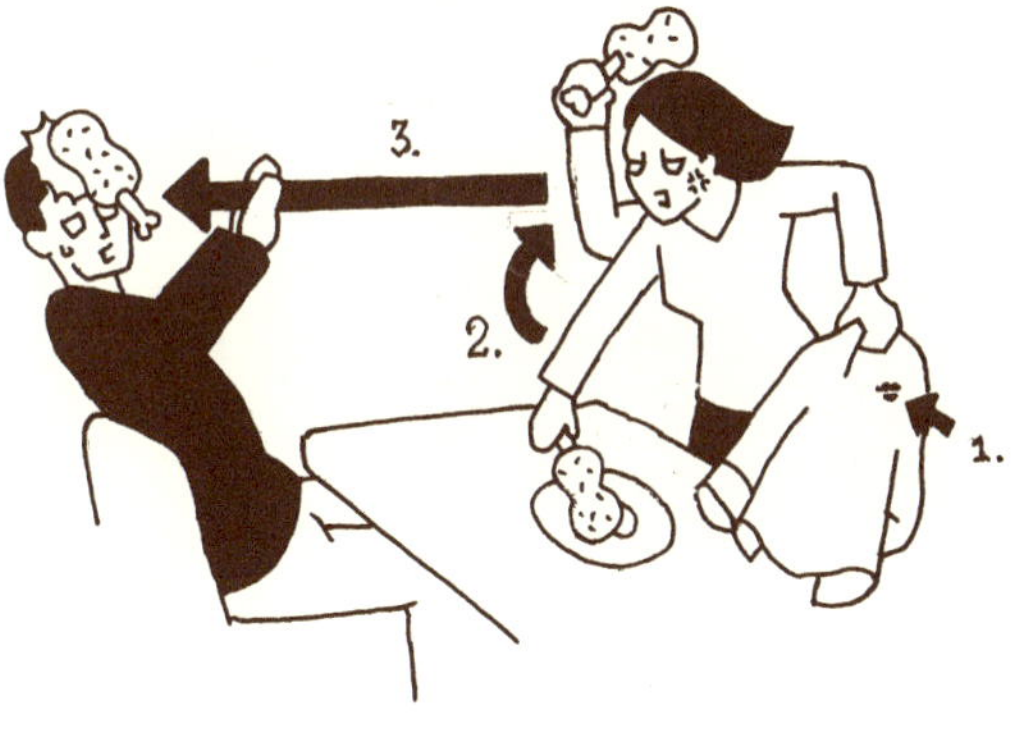

護りそこねる。

70

喫茶【きっさ】

カフェインが修行に役立った?

日本臨済宗《りんざいしゅう》を開いた栄西禅師《えいさいぜんじ》に『喫茶養生記《きっさようじょうき》』という著書があります。

それによると「茶は養生の仙薬なり。延齢の妙術なり。山谷にこれを生ずれば、その地神霊なり。人倫これを採れば、その人長命なり。天竺唐土《てんじくもろこし》同じくこれを貴重す。わが朝日本かつて嗜愛《しあい》す。古今奇特の仙薬なり」といっています。

これを見ると、茶はもっぱら、養生・除病・長命の薬だったようですね。

茶そのものは、早くから日本に伝えられていたようですし、喫茶という言葉も仏教独特の言葉ではありませんが、禅師が茶をすすめて、源実朝《みなもとのさねとも》の熱病を治したことがあってから、喫茶が世に広く行われるようになったようです。

　そういえば、茶の種子の輸入、栽培、茶会などに多くの僧の名前が登場したり、玄慧《げんえ》著の『喫茶往来《おうらい》』、「喫茶去《こ》」という公案★、「遇茶《ぐうさ》喫茶《きっさ》、遇飯《ぐうはん》喫飯《きっぱん》」「日常茶《さ》飯《はん》」などのように、喫茶に関係ある語も多く、喫茶は仏教によって普及されたようです。

　では、この辺でお茶にしましょうか。

71

擬宝珠

［ぎぼし］

宝珠に似せてあるから

橋の欄干《らんかん》の、柱の頭部についている、丸い装飾金具をご存じですか。「ぎぼし」と呼ばれているものです。仏教が伝来して以来、寺院建築によく使われたもので、お寺の須弥壇《しゅみだん》や回廊《かいろう》の欄干などでもよく見られる飾りです。

仏典には宝珠《ほうしゅ》と呼ばれる珠《たま》が登場します。如意《にょい》宝珠とも呼ばれ、思いのままに、欲しいものを出す珠で、病苦を除き、濁水を澄ませ、禍《わざわい》を断つ力を持っているといわれるものです。

丸い珠で頭がとんがっており、左右から火焔《かえん》が燃えあがっている形をしています。

この宝珠に似せてあるもので、橋や回廊の欄干などにつける飾りを擬宝珠と呼び、それが「ぎぼし」になりました。

擬宝珠というユリ科の多年草があります。夏に淡紫色の花を咲かせます。また、ネギの花（ネギボウズ）もこう呼ぶのだそうです。

あらためて橋の「ぎぼし」をご覧になってはいかがですか。

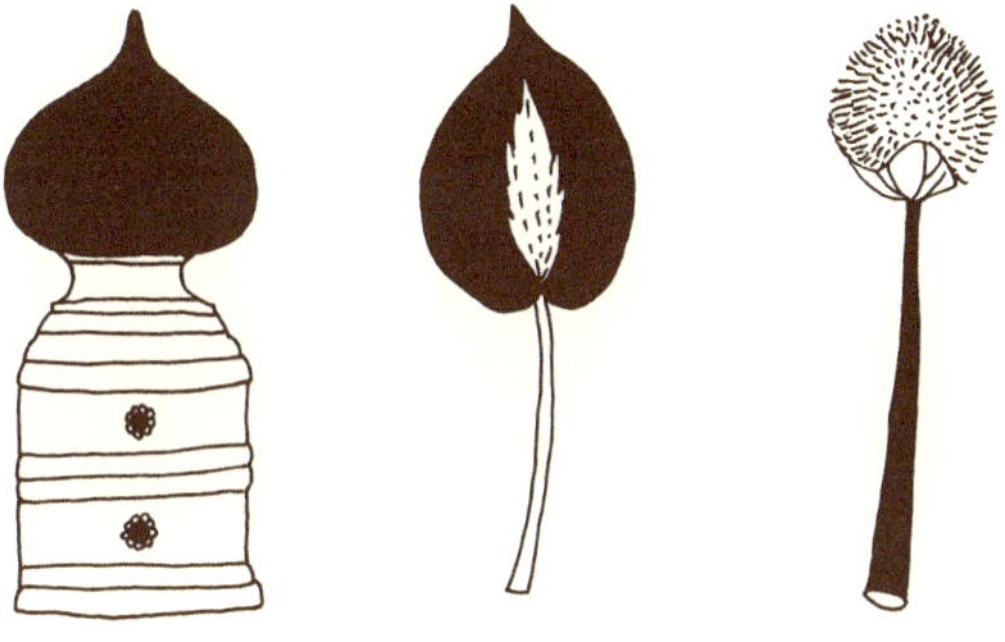

脚下照顧

［きゃっかしょうこ］

自分自身をしっかり見よ

「脚下照顧」は禅寺でよく見られる語句です。寺の玄関や入り口には、この四文字を木札に大書してあるのを、よく見受けることができます。

「脚下」とは足もとのこと、「照顧」はよく照らして顧みることですから、脚下照顧とは「足もとをしっかり見よ」という意味です。履《は》き物の脱《ぬ》ぎ方ひとつにしても、細かく気をつけて、だらしなく不揃いな脱ぎっ放しなどするな、ということです。

さらに、脚下は単に履き物のことだけではなく、自分の足もと、自分の立っている立脚点、現実的出発点を意味しますので、脚下照顧は、「自分自身をしっかり見よ」ということになります。

理想のみを追い求めて現実を忘れていないか。理論ばかりに走って実践をおろそかにしていないかと、常に自分を見つめ、反省する心が大切だというのです。

現代は目まぐるしい時代です。しっかりと対処しないと遅れてしまいます。しかし、そのような現象面だけを追い求めるのではなく、自分の足もとをしっかり見よと教えるのです。

73

行儀

［ぎょうぎ］

見習って身につけたもの

「この子はお行儀がいいね」とか「この頃の若いものは行儀を知らないよ」などと使われる行儀という言葉は、一般に起居動作の作法、立ち居ふるまいを表す言葉となっているようです。

「えらく他人行儀じゃないか」のように、行為そのものを指す場合もあります。

行儀とは、本来、出家修行者が日常行う「行《ぎょう》・住《じゅう》・坐《ざ》・臥《が》」などの行為の原則、礼拝などの仏事の立ち居ふるまいの方法、つまり行事の儀礼を表す仏教語でした。

今ではそれが一般に取り入れられたようです。

イギリスに「行儀作法が人を作る」という諺《ことわざ》があります。
人は人格よりも行儀作法で判断されやすいものであるという意味です。
特に初対面の人にはその人の行儀作法の印象が大きいですね。
常日頃から「お行儀よく」。

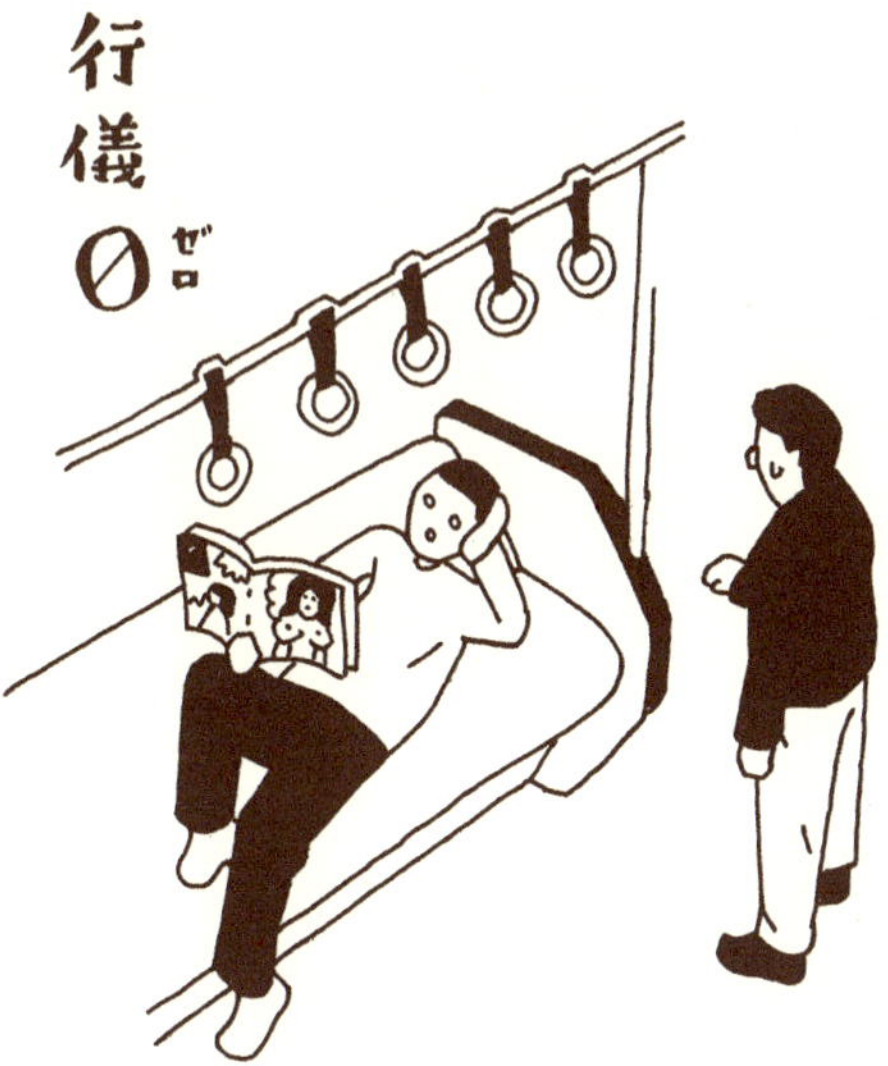

74

教授・講師

［きょうじゅ・こうし］

仏教を教え、仏法を講説した

前に「学生」☞52学生を紹介しましたので、今回は、大学の先生がたの番です。

仏教では、教授とは、法を教え道を授けることをいいます。

仏教の入門式である具《ぐ》足戒《そくかい》を受けるときには、三師七証《さんししちしょう》といって、三人の師匠と七人の証人が必要です。

その三師の一人に、教授阿《あ》闍梨《じゃり》とか教授師という師匠がいます。

これは戒場で受者に行儀や作法を教える役です。

『五《ご》分律《ぶんりつ》』に「具足戒を受くる時、威《い》儀《ぎ》法を教うる、是《これ》を教授阿闍梨と名づく」とあります。

講師は、僧尼を指導し、仏教を講説する僧です。

もとは、国師《こくし》と呼ばれていました。国ごとに一名ずつ任命され、国分寺《こくぶんじ》でもっぱら経典の講説にたずさわっていました。

★天台宗《てんだいしゅう》では、論議のとき問者の質問に答える人のことです。

現在では、教授も講師も学生も、大学の先生と生徒のことを指しますが、本来は、仏教を教え、仏法を講説し、仏法を学問する人なのです。

75

行水

［ぎょうずい］

シャワーにはない風情

毎日、暑いことですね。

ところで、行水というのをご存じですか。たらいに湯や水をくんで、それを浴び、汗などを流すことをいいます。

行水でさっぱりした後、浴衣《ゆかた》を着て、縁台《えんだい》で涼むなど、なかなか風情のあるものでした。

今では、こんなのどかな風景はほとんど見られなくなりましたから、シャワーを浴びて、ということになりますかね。

仏教では『長阿含経《ちょう★あごんきょう》』に「手に自ら斟酌《しんしゃく》して食訖《じきおわ》りて行水し」とありますから、行水は、食後、鉢《はち》や手を洗うことをいったのでした。

そこから、潔斎《けっさい》のために、清水で身体を洗い身を正すことになり、それが一般にも広がり、今の意味になったようです。

日本では、入浴はもともと仏教の作法で、僧以外の人びとは、最初は海や川で簡単に身体を洗う程度でした。僧が温水により清浄にしていたのが、一般社会にも浸透していったのです。

今日は久し振りに行水をしましょうか。やっぱり、シャワーですか。

76

苦行［くぎょう］

悟りを得るための壮絶さ

「釈迦苦行像」の実物を見たのは「パキスタン・ガンダーラ美術展」のときでした。多くの展示品の中で、何といってももっとも目を引きつけたのがこの像でした。目は落ちくぼみ、やせおとろえ、あばら骨がむき出しになった上に、血管が浮き出しているという、何とも迫真の姿はガンダーラ美術の至宝といわれています。

お釈迦さまは種々の修行の後、苦行林に入りインド古来の修行である苦行を修められました。心を制御する苦行、呼吸を止める苦行、断食《だんじき》による苦行を行ったといいます。

「過去、現在、未来のどんな修行者も、これよりはげしい苦行を修めた者はなく、また修めるものもないであろう」と、語っておられるほどの壮絶なものでした。そのときの姿を表現したのがこの像です。

たいへん苦労することを、一般に難行苦行といいますが、お釈迦さまのは並大抵の苦労ではなかったのです。

釈迦苦行像

77

くしゃみ

くしゃみをしたら呪文を唱えろ

かぜの季節です。くしゃみをすると、「おや、かぜですか。お大事に」などといわれそうです。

くしゃみは「クシャン」とするからだと思っていましたが、おもしろい話があったので紹介しましょう。

あるとき、お釈迦さまがくしゃみをしました。すると、弟子たちが一斉に「クサンメ」と唱えて、師の健康を願ったということです。何ともほほえましい話が仏典に書かれていました。

「クサンメ」は、古代インド語で「長寿」という意味です。インドでは、くしゃみをすると命が縮まるといって、「クサンメ」と唱える風習があったといいますから、これは長寿を祈る呪文だったのかもしれませんね。

このクサンメは「休息万命《くそくまんめい》」「休息《くそく》万病《まんびょう》」と音写されています。これを早口で何度も言ってごらんなさい。「クサメ」になりませんか。くしゃみはクサメから転訛《てんか》したものだそうです。

「一ほめられ、二そしられ、三わらわれ、四かぜひく」と、古老から教えられました。

とにかく、お大事にしてください。

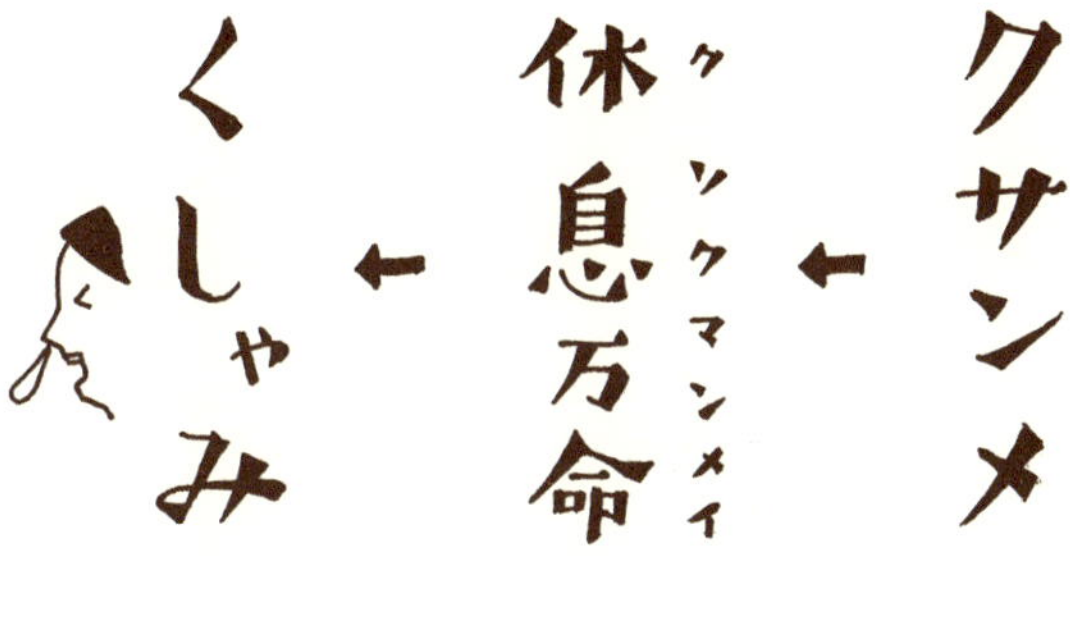

78

愚痴 〔ぐち〕

特に強力な煩悩のひとつ

言っても甲斐《かい》のないことを、くどくどと言って歎《なげ》くことを「愚痴をこぼす」といいます。

そして、よく愚痴をこぼす人を「あの人は愚痴っぽい人だ」ともいいます。

愚痴という字を見ると、「愚」も「痴」も、事理に暗いこと、おろかなことをいう意味ですね。

お釈迦さまは「人間が苦悩する原因は、心のなかに宿る煩悩《ぼんのう》にある」と教えられました。

煩悩は百八種あるといわれますが、その中でも特に強力なものを

「三毒《さんどく》の煩悩」といいます。①貪《とん》欲《よく》＝むさぼり欲しがる心。②瞋恚《しんに》＝いかり腹立つ心。そして、③愚痴です。

愚痴とは、目さきのものにとらわれて、真理を解する能力のない愚かな心を指しているのです。

『ちかいのうた』★の中に、「欲と瞋《いか》りと癡《おろか》さのわざわい永遠《とわ》に除《のぞ》かなん」とあるのがそれです。

愚痴もほどほどに……。

79

供養 ［くよう］

崇りや災いとは関係なし

戦没者供養塔、遭難者供養塔、殉難者供養塔から、カイコやフグの供養塔、さらに針供養、茶筅《ちゃせん》供養、人形供養など、わが国にはいろいろな供養があります。

このように、供養は死者などの霊を慰めることの意味で、一般に用いられています。

供養はサンスクリット語で「プージャナー」といい、「尊敬する」「崇拝する」という意味です。

それが仏《ぶっ》・法《ぼう》・僧《そう》の三宝《さんぼう》、つまり仏教教団に対して衣服・食物・薬品・財物などをささげ、尊敬すべき対象を養うことになりました。

供養とは進供資養の意味だというのがそれで、いろいろな種類があります。

バラモン教が動物の犠牲《ぎせい》による儀式であるのに対し、仏教は不殺生《ふせっしょう》の立場から採用したものといわれています。

そして、礼拝《らいはい》の対象へ水、華、香、灯火などを供えることとなり、やがて、現在のような意味になりました。

お彼岸ともなるとお墓も大賑わいです。よく見ると、みな、水、華、香、灯火を手にお参りしていますね。

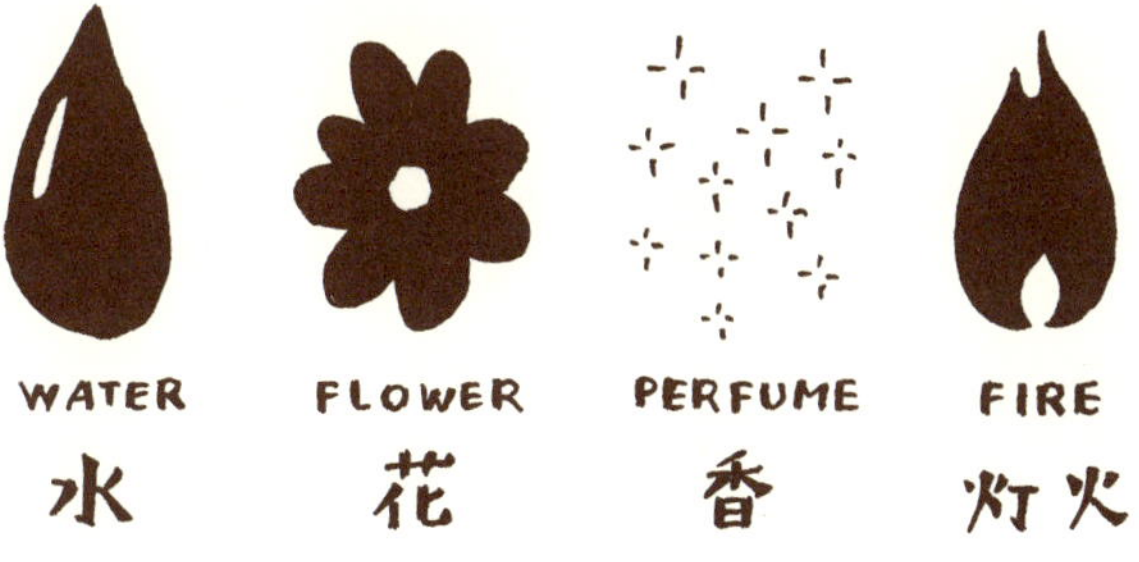

80

結界【けっかい】

仏道修行をさまたげぬよう

昔、商屋では帳場の囲いとして三枚折りの低い格子《こうし》が立てられていました。これを帳場格子《ちょうばごうし》とか結界といいます。

お寺の本堂で、内陣《ないじん》と外陣《げじん》、または外陣の中でも座席を区別するために設けられている木の柵《さく》を結界と呼んでいます。

茶席で、客畳《きゃくだたみ》が道具畳と接近している場合、その境界を示すために置く置物、この茶道具を結界といいます。

高野山《こうやさん》などの女人《にょにん》結界も有名です。女性の入山を禁止したもので、刈萱道心《かるかやどうしん》と石童丸《いしどうまる》の哀話が思い出されます。

結界とは、仏道修行の必要上、一定の地域を定め、その境界を制限することです。受戒《じゅかい》や★布薩《ふさつ》など、僧たちが一カ所に集まって行事をなしうるように考えて設けられた摂僧界《しょうそうかい》のほか、摂衣界《しょうえかい》と摂食界《しょうじきかい》があります。

それがやがて、僧団の秩序を乱し修行のさまたげとなるものが入ることを許さない境界を意味するようになり、そこから、さまざまな意味に転じたようです。

関係者以外、立入禁止、ですかな。

現代の最も強い結界。

81

結集〔けっしゅう〕

仏教では「ケツジュウ」

「みんなの力を結集して、この難局に立ちむかおう」とか「メーデーには○○広場に結集を」とか、結集は、労働運動関係をはじめ、一般によく聞かれる言葉です。

仏教では、結集を「ケツジュウ」と読み、声を合わせて朗誦《ろうじゅ》することを意味します。

お釈迦さまの滅後、弟子たちは、その教えを編集し再確認しようと、お釈迦さまの教えを聞いた五百人が集まり、記憶していた教えを持ち寄りました。持ち寄られた教えは、補充したり削除したりして、しだいに整理され、最後にみなで一緒に声を合わせて合誦《ごうじゅ》することによって、一つの経典ができました。結集とはそのような仏典編集会議なのです。

仏教語「ケツジュウ」が今日の「ケッシユウ」になったのですが、考えてみますと、結集の場合でも、一同が声を合わせて、いわゆるシュプレヒコールをしますものね。

82

玄関

【げんかん】

玄妙な道に入る関門

家の正面の入り口を玄関と呼んでいます。表入口という意味なのでしょう。見栄を張って外観だけを豪勢にみせようとすることを「玄関を張る」といい、面会させないで客を帰らせることを「玄関ばらい」といいます。

この玄関が仏教語なのです。本来は建物の名前ではなく、玄妙な道に入る関門という意味で、奥深い教えに入る手始め、いとぐちを指していました。「仏門に入る」などがそれです。

この仏教語が建物の名前となり、禅寺の客殿に入る入り口を指すようになりました。

やがて、室町時代から桃山時代にかけて盛んになった書院造りに、その形式がとり入れられましたが、まだ庶民住宅には造ることを許されていませんでした。

江戸時代になって、民家や一般の建物にも広まり、明治以降は現在のように、正面入り口を呼ぶようになりました。

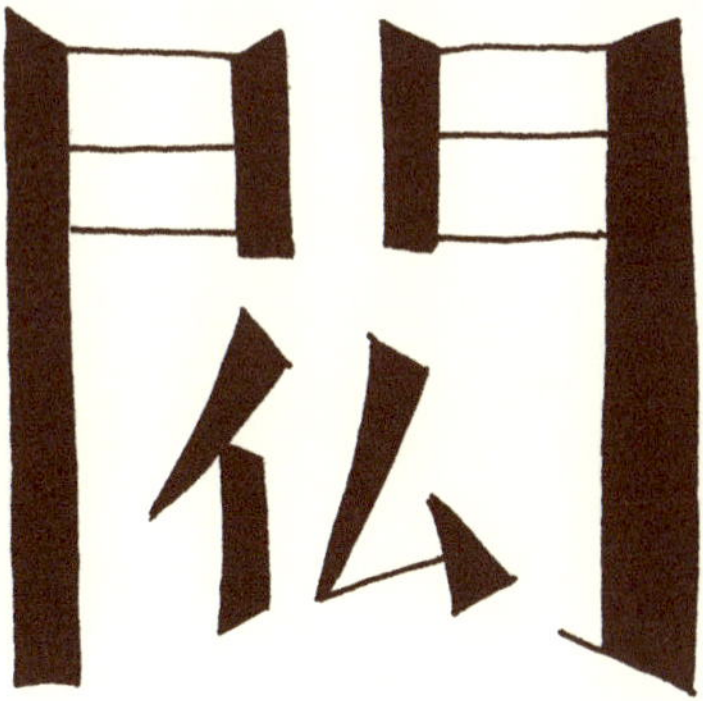

「玄関」を
一字で表すとしたら。

83

高座 【こうざ】

大衆話芸のルーツも仏教

寄席《よせ》では、演芸を演じる場所を高座といいます。劇場の舞台に匹敵するところです。ここで落語や講談、浪花節《なにわぶし》など演じられていることはご承知の通りです。

寺院での法要のとき、導師《どうし》の座る仏前の一段高い座を登高座《とうこうざ》といい、説教のときに講師のすわる高い座を高座といいます。

高座は、お釈迦さまが悟りを開かれた金剛宝座《こんごうほうざ》から始まり、その後、説教者や導師の座る高座となっていったようです。

寄席の高座は、説教者の高座から転じたものです。

もともと、落語や講談、浪花節などの大衆話芸は、仏教と深いかかわりがあり、仏教の説教を母体として始まったものです。

ところが、戦後、寺院の布教は、説教から講演式に変わり、演台の前に立って行われるようになりましたので、説教者の座る高座は本堂から姿を消し、もっぱら、寄席にその名を残しています。

84

講堂 [こうどう]

安田講堂に西部講堂……

現在、講堂というと、誰でも思い出すのが学校の講堂です。入学式や卒業式をはじめ、いろいろな行事が行われるところです。

『仏教語大辞典』によると、講堂は都市の公会堂のことであったといいます。

「公会堂は仏教以前からインドの各地にあったが、大体前面は開いていて、いつだれでも中に入って休息し、また宗教行事も行えるようになっていた。選挙なども行われた」といい、お釈迦さまがここで説法されたこともあったといいます。

やがて、講堂はお寺の建物になりました。寺院の建物が完備したものを「七堂伽藍《しちどうがらん》」☞59伽藍堂（金堂《こんどう》・講堂・塔・鐘楼《しょうろう》・経蔵《きょうぞう》・僧房・食堂《じきどう》）といいますが、講堂はその中の一つで、説法をするところ、仏法の講義をするお堂のことです。

学校を思い出すのは、講義をする場所がお寺から学校に変わったためなのですね。

85

居士 [こじ]

浄土真宗の法名にはつけない

何事にも一言意見を述べないと気の済まない性質の人を「一言居士《いちげんこじ》」といいますね。

また、浄土真宗★以外で、法名《ほうみょう》の下に「居士」と書かれた位牌《いはい》を見ることがあります。

居士はサンスクリット語で「グリハパティ」といい「家の主人」の意味で、資産家の家長、長者、家主、在家《ざいけ》などと訳します。

インドの諸都市では、資産家が有力な階級だったようで、大乗仏教では、このような居士たちがたいへん活躍しています。

この中でも『維摩経《ゆいまきょう》』★の主人公である維摩《ゆいま》居士は有名です。

彼は在家信者としてたいへん見識にすぐれ、仏弟子の中でも彼にたしなめられた人も多かったといいます。

居士は在家で仏道修行する男子の敬称となりました。

中国では、学徳が高くて仕官していない人のことで、処士《しょし》ともいいます。

一言居士は、「維摩居士」からきた言葉だとか、「一見抉《こじ》る」からきたなどの説がありますが、やはり、博学でなくては勤まらないようですよ。

ああ、これはキンポウゲ科
トリカブト属の植物で
猛毒のアルカロイドを含む
から気をつけなさい。
居士。

86

後生 ［ごしょう］

すべての人の行く先は

許しを請うたり、おりいって事を頼んだりするときに「後生だから」と言ったり、また、「つまらん物を後生大事にしているな」などと、後生は日常語となっています。

仏教では後生は、死後ふたたび生まれかわることをいい、前生《ぜんしょう》・今生《こんじょう》と対応して、来世、あの世、死後の世の意味です。また、極楽に生まれかわり安楽を得ることも後生といいます。

『白骨《はっこつ》の御文章《ごぶんしょう》』★に「たれの人も、はやく後生の一大事《いちだいじ》を心にかけて」とあります。

「後生の一大事」とは、生死《しょうじ》の問題を解決して、後生に浄土に往《おう》生《じょう》するという、人生における最重要事のことをいいます。

　極楽に生まれるためには、この世で徳行を積むことや、功徳《くどく》としての慈悲深い行いという意味もあるそうですから、「後生だから」は「お慈悲と思って」との意味になるのでしょうか。

87

炬燵

［こたつ］

日本の冬には欠かせない

寒いですね。暖冬に慣れた身体には、この寒さはこたえます。ホームコタツに入り込んで、テレビを見ながら、みかんなどを食べているなんて、結構な風情ですね。

炬燵が仏教語というわけではありませんが、中世に中国から禅宗★とともに日本に入ってきたといわれますから、当時の舶来《はくらい》文化の一つだったようです。

炬燵はもとは「火揚子《かとうし》」といいましたが、その唐宋音《そうとうおん》が訛《なま》ったものといわれています。

揚子《とうし》とは腰掛けのことですから、火揚子は床を切って炉《ろ》を設け、上にやぐらを置いたものですが、日本では、それに布団《ふとん》をかけ、その中にもぐりこんで暖をとりました。

また、床を切らずに、やぐらの中に火を入れた置き炬燵もあります。

炬燵によく似た「行火《あんか》」も禅宗によって一般化しました。「行」は持ち運びのできるものという意味ですから、こちらは炭火を入れて持ち運んだものです。

「四角でも炬燵は野暮《やぼ》なものでなし」

粋《いき》な川柳《せんりゅう》ですね。

紅白や
今や昔の
炬燵かな

88

言語道断

［ごんごどうだん］

深い真理を指す言葉だった

「言語道断だ」といえば「もってのほかだ」「とんでもないことだ」「あきれてものがいえぬ」などと、たいへん手厳しく批判する言葉として、一般には使われています。言語道断という日常語は悪い意味にとられることのほうが多いようですね。

しかし、この言語道断という言葉は、もともと仏教語で、「言語で説明する道の絶えた」ということです。

「悟りの境地や真理の世界は、言葉や文字では、とても表すことのできないほど、奥深いものである」という意味で、仏典によく説かれています。

「言語同断」と書かれているものも見受けられますが、いずれにしても、言葉では表現しえない深い真理を指しています。

深い真理を意味している言葉が転化して、悪い意味の言葉になるのですから、同じ言葉でも、変われば変わるものですね。

言語道断

89

根性［こんじょう］

思い込んだら試練の道を⁉

夏の高校野球の真っ最中です。連日、甲子園球場では熱戦が繰り広げられています。

なにしろ、地方の予選から甲子園大会の決勝戦まで、一度負ければ姿を消すという苛酷《かこく》な戦いですから、そこには幾多のドラマが展開され、根性物語が語られています。

現在、一般に使われている「根性」には、二つの意味があるようです。

一つは、その人の生まれつきの根本的な性質で、心根《こころね》や性根《しょうね》と同じ意味ですが、「根性悪《わる》」「ひがみ根性」「根性まがり」果てには

「根性をたたき直せ」など、どうも悪いニュアンスが漂っているようです。

二つは、厳しい訓練にもくじけない強い気力を指しています。選手たちの根性物語はこの方です。

仏教では、仏の教えを受ける者としての、宗教的素養、能力や性質のことを根性といいます。

根性には優劣があって、仏はその人の根性に応じて、教えの内容や説法の仕方を変えたといわれています。

選手のみなさん、日頃の厳しい練習の成果を発揮してください。

金輪際 ［こんりんざい］

大地の下、世界の果て

「もう金輪際いたしません」というように、金輪際は、ふつう「絶対に」とか「どんなことがあっても」というような意味に使われています。

仏教の宇宙観によれば、虚空《こくう》のなかに風輪《ふうりん》という円筒状の気体の層が浮かんでおり、その上に水輪《すいりん》という水の層、さらに、その上に金輪《こんりん》という固体の層があって、それが大地を支えています。

その大地の上に、高さ五十六万キロの須弥山《しゅみせん》を中心に、九山、八海、四大洲《しゅう》があり、人間はその四大洲の贍部洲《せんぶしゅう》に住んでいる、といいます。

そして、それらの大地を支えている金輪の最下端、つまり、金輪と水輪との境い目を金輪際と呼んでいます。

私たちにとっては、これより先のない、ぎりぎりのところ、われわれの世界の最下底という意味なので、金輪際の「際」は「果て」ということです。

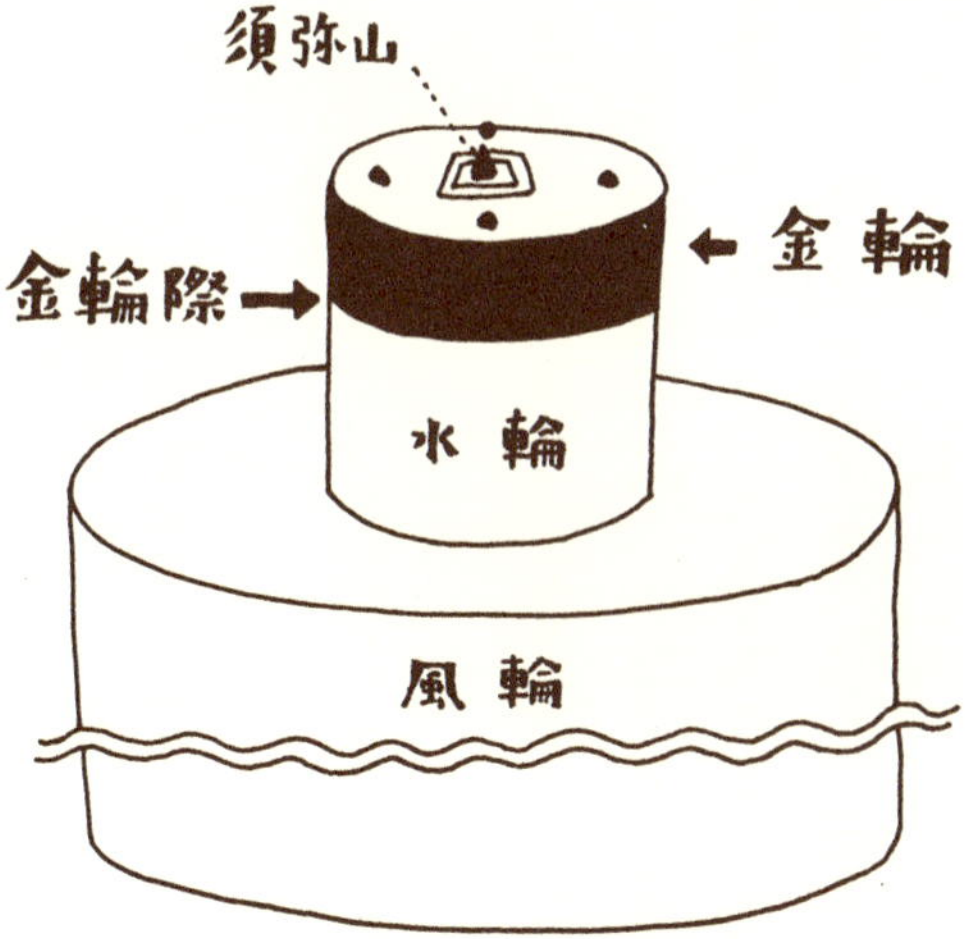

須弥山と極楽世界

保釈金を積んだあの人この人

91

沙汰［さた］

何気なく使っている言葉ですが、沙汰とはどんな意味かご存知ですか。

「ご無沙汰《ぶさた》していいます」

『広辞苑』を見ると、①淘汰《とうた》 ②評定、裁断、訴訟 ③政務の裁断処理 ④処置、取り扱い ⑤主君や官府の指令 ⑥たより、音信 ⑦評判 ⑧行い、しわざ、事件と、数多くの意味がありました。

「地獄の沙汰も金次第」は②、「追って沙汰する」は⑤、「正気の沙汰」は⑧、「ご無沙汰」は⑥の意味になります。

この沙汰の出典は仏典だといいます。

『仏教語大辞典』には「揀択遺棄《かんたくいき》の意。排斥《はいそ》。沙金《さきん》を淘汰して沙を捨て金をとることで、不用のものを去り、有用のものをとる吟味のこと」とし、いくつかの仏典を示しています。そしてさらに、唐の武帝《ぶてい》が考試によって僧をしらべ、真に僧たる学力を有する者以外は還俗《げんぞく》させた「会昌《かいしょう》の廃仏《はいぶつ》」を会昌沙汰《かいしょうざた》というと紹介しています。

本来は選択淘汰の意味ですね。

さて、現代は金の世の中といわれていますが、ほんとうに「地獄の沙汰」は金次第ですかね。

92

沙羅双樹

［さらそうじゅ］

自生せぬ日本では夏椿で代用

『増鏡《ますかがみ》』に「きさらぎの中の五日は鶴の林にたき木尽きにし日なれば」とあります。

きさらぎは二月、中の五日は十五日、鶴の林は沙羅樹林のことで、たき木尽きにしは『★法華経《ほけきょう》』の「仏此の夜滅度《めつど》したもうこと、薪《たきぎ》尽きて火の滅ゆるが如《ごと》し」から来たものです。

つまり、二月十五日はお釈迦さまが沙羅の樹林で涅槃《ねはん》☞178涅槃に入られた日であるというのです。

沙羅はヒマラヤ山麓《さんろく》からインド全域に見られる半落葉性の高木で、白い花を咲かせます。

お釈迦さまの入滅のとき、この木は季節はずれの花を咲かせ、花びらをお釈迦さまの遺体にふりそそいだといい、さらに、悲しみのあまりあたかも白い鶴のように色が変わり首を垂れたと『大般《だいはん》涅槃《ねはん》経《ぎょう》』はいいます。ここから沙羅樹林を鶴の林といいました。

「沙羅双樹の花の色」『平家物語』

双樹は、二本の木とか、根は一つで幹が二本の木だとか、全部で八本あったとかと、種々の説があります。

二月十五日は涅槃会《え》です。お釈迦さまの遺徳を偲びましょう。

沙羅双樹の花

93 懺悔 ［ざんげ］

仏教では「サンゲ」

「へぇー、懺悔は仏教語ですか。キリスト教の言葉じゃないのですか」と、尋ねられました。

なるほど、「ザンゲ」は、今ではキリスト教の雰囲気を感じる語ですね。

しかし、本来は「サンゲ」と読み、仏教語なのです。

サンスクリット語「クシャマ」を音写すると「懺摩《さんま》」。意訳すると「悔やむ」となります。そこで、これを合成して「懺悔」となりました。くやむこと。人に罪のゆるしを請うこと。自分の犯した罪を仏の前に告白すること。悔い改めることを意味します。

★原始仏教では、半月ごとに★布薩《ふさつ》という儀式を行い、戒律の箇条が読み上げられ、罪があるときには自分で申し出て、告白して裁きを受けました。これが懺悔で、このときの作法を懺悔五法といいます。

右肩をはだ脱ぎ、右膝を地につけ、合掌《がっしょう》し、大比丘《びく》の足を礼し、犯した罪の名を説くのです。

大乗仏教になると、懺悔は衆僧の前でなく、諸仏の前においてなされるようになりました。

なお、「サンゲ」が、江戸時代中期以降になって、現在のように「ザンゲ」になりました。

94

三千世界［さんぜんせかい］

ほんとうは三千ではなく十億

「三千世界の烏《からす》を殺し、主《ぬし》と朝寝がしてみたい」高杉晋作《たかすぎしんさく》の作といわれる、しゃれた都々逸《どどいつ》です。浄瑠璃《じょうるり》『伽羅先代萩《めいぼくせんだいはぎ》』にも「三千世界に子を持った親の心は皆一つ」とあります。

仏教の宇宙観によると、須弥山《しゅみせん》を中心に、四大洲、九山八海、日、月などが広がっていて世界が構成されているとしていますから、太陽系世界ですかね。

この一世界が千個集まったのを「小千世界」。小千世界が千個集まって「中千世界」。中千世界が千個集まったのを「大千世界」といいます。

大千世界は、小中大の三種類の千世界を含むので、三千世界とも三千大千世界ともいうのです。

ですから、三千の世界ではなくて、千×千×千＝十億の世界ということになります。

これが一仏の教化《きょうけ》の範囲なので、「一仏国《いちぶっこく》」と呼ばれています。

気の遠くなるような広さですね。

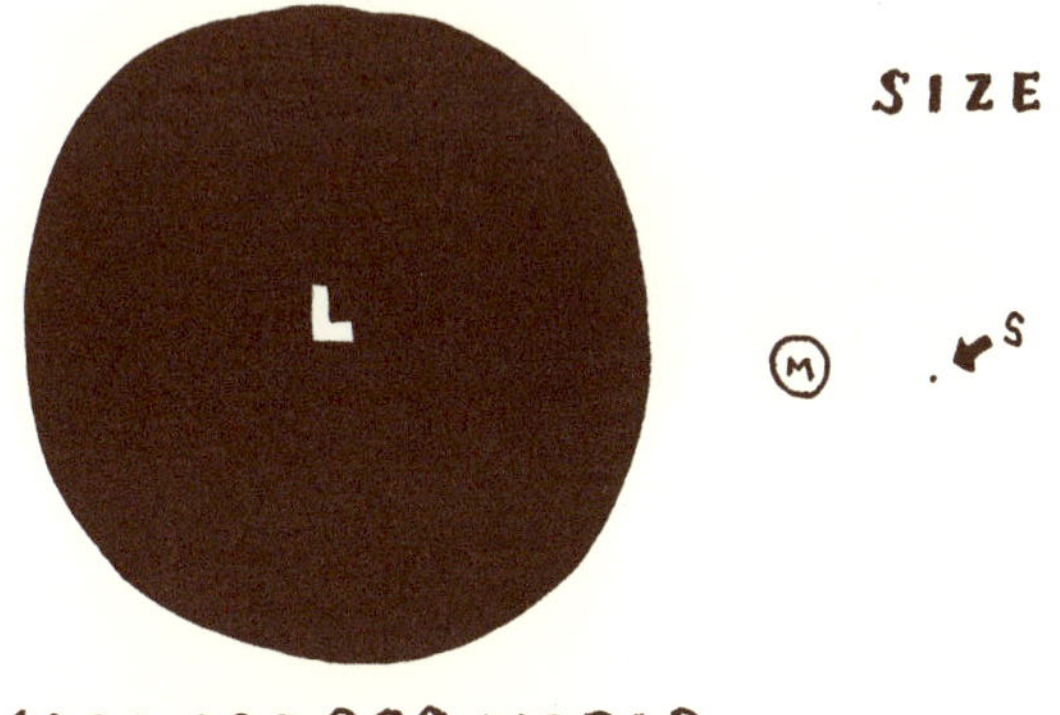

95

三蔵法師［さんぞうほうし］

一人だけじゃなかった!!

三蔵法師といえば、あの『西遊記《さいゆうき》』を思い出す人が多いことでしょう。孫悟空《そんごくう》・沙悟浄《さごじょう》・猪八戒《ちょはっかい》という弟子たちに助けられながら、中国から天竺《てんじく》（インド）へ、お経を求めて旅をするお話です。

お釈迦さまの説かれた教法をまとめたものを「経蔵《きょうぞう》」といい、お釈迦さまが定められた戒律をまとめたものを「律蔵《りつぞう》」、経と律に対して弟子たちが組織体系づけて論述したものを「論蔵《ろんぞう》」といいます。これが三蔵です。いわば、仏教聖典のすべてというわけです。

この三蔵に精通し、経典を中国語に翻訳した僧を、三蔵法師と呼びました。だから、三蔵法師は多くおられたことになります。

中でも鳩摩羅什《くまらじゅう》、真諦《しんたい》、玄奘《げんじょう》、不空《ふくう》を四大三蔵法師といいます。

その中の一人、玄奘は、唐の時代の学僧で、経典を求めてシルクロードを経てインドに入り、帰国後、多くの経典を翻訳しました。

そしてその旅行記『大唐西域記《たいとうせいいきき》』は、当時のインドや中央アジアに関する貴重な資料となったのです。『西遊記』は、これをモデルにして作られたのです。

96

三昧 [ざんまい]

比叡山で最古の仏道修行

「読書三昧」や「ゴルフ三昧」などと、日常使われているように、一つのことに熱中して他のことに心が向かないことを「××三昧」と呼んでいます。

この三昧は、サンスクリット語「サマーディ」を音写した語で、精神を一つのことに集中して乱さないことをいい、仏道修行上、大切な仏教語なのです。

比叡山《ひえいざん》の常行堂《じょうぎょうどう》では、常行三昧という修行が行われています。これは、★伝教大師《でんぎょうだいし》の説かれた四種三昧（常坐三昧・常行三昧・半行半坐三昧・非行非坐三昧）の一つで、★阿弥陀仏のまわりを不眠で九十日間めぐり歩いて、不断念仏をおさめる修行です。

このように、三昧は、精神集中という意味でひんぱんに使われる言葉なので、一般にも浸透していったのでしょう。

しかし、同じ三昧でも、「念仏三昧」は、ありがたいことですが、「ぜいたく三昧」や「刃物三昧」「道楽三昧」などは、ちょっと困りますね。

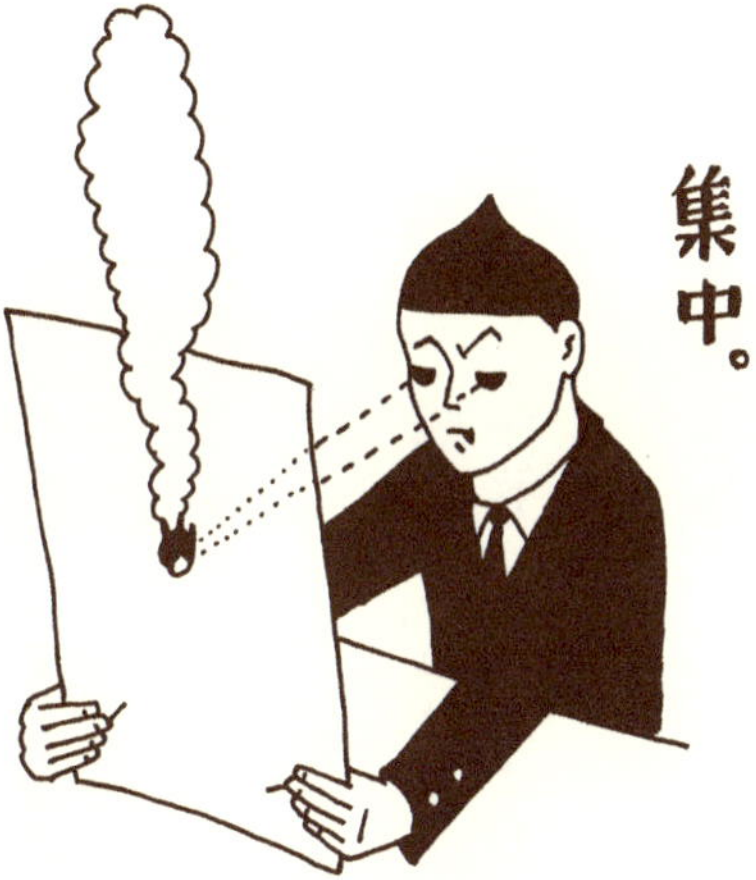

97

自覚 [じかく]

「成人の日」は一月の第二月曜日

成人の日です。

今年も多くの若者たちが、各地で成人式を挙げ、おとなの仲間入りをしました。

「国民の祝日に関する法律」によると、成人の日とは「おとなになったことを自覚し、みずから生き抜こうとする青年を祝いはげます」祝日であるとされています。

「自覚する」ということは、自分の地位・状態・価値などを知り、自分のあり方をわきまえることをいいます。また、自覚症状などというように自分で感じることを意味する日常語です。

仏教では、「覚」は「さとる」ことですから、「自覚」はみずから覚ることです。

さらに、みずから覚るだけでなく、教えを説いて他人を覚らせることを「自覚覚他」といいます。これは菩薩の実践行です。★『大乗義章《だいじょうぎしょう》』に「覚行窮満《かくぎょうぐうまう》、故《ゆえ》に名づけて仏となす」とあります。覚行窮満とは、自覚と覚他の行が完全であるということですから、これは仏だと説いています。

成人となられたみなさん、おめでとう。おとなの世界はたいへんですよ。がんばってください。

適量は自覚すること。

98

志願〔しがん〕

大事な願いのときに用いられた

今年も学校の入学試験のシーズンは終わりに近づいてきました。やがて各学校では、志願者数・合格者数・入学者数などが発表されるでしょう。

志願は、志を願うこと、あることをのぞみ願い出ることの意味ですが、今では学校の入学試験に欠かせない言葉となりました。

これがもとは仏教語なのです。

仏教では、文字通り「志して願う」ことで、心の底から深く願うことをいいます。

★『無量寿経《むりょうじゅきょう》』に「その時に、世自在王仏《せじざいおうぶつ》、その高名の志願の深広なるを知ろしめして、すなはち法蔵比丘《ほうぞうびく》のために、しかも経を説きてのたまはく」とあるように、大事な願いのときに用いられている語なのです。

ですから、本来の意味からいうと、すべり止めのために志願するのは、困りますね。

99

四苦八苦［しくはっく］

人生は思い通りにはならない

お釈迦さまは、最初の説法で「人生は苦である」と教えられ、その姿として四苦八苦を説かれました。

四苦とは、生苦・老苦・病苦・死苦をいいます。これらはだれも避けることのできない苦です。

生まれて、老いて、病気になって、死ぬ。これは人間存在に限らず、すべての生物にとっての運命的な苦しみなので、根本苦《こんぽんく》といいます。

この四苦に、愛する者と離れねばならない「愛別離苦《あいべつりく》」、いやなものに会わねばならない「怨憎会苦《おんぞうえく》」、欲しいものが手に入らぬ

「求不《ぐふ》得苦《とっく》」、人間の心身を形成する五要素から起こる「五《ご》陰盛苦《おんじょうく》」の四つを加え、八苦とされたのです。

現在、非常に苦しむという意味でよく「四苦八苦だ」などといいますが、それはお釈迦さまの説法から来た言葉なのです。

四苦《シク》　八苦《ハック》　煩悩《ボンノウ》

36＋72＝108

100

自業自得【じごうじとく】

善い意味にも使用可能

「あれは、誰の責任でもないよ。本人が望んで勝手にやったんだから、自業自得だよ」

というように、自業自得は一般に使われている日常語です。業はサンスクリット語で「カルマン」といい、行為という意味です。

だから、自業自得は、「自分のおこなった行為の報いは、自分自身が受ける」という意味です。

★『正法念処経《しょうぼうねんしょぎょう》』の「自業自得果」の文から出た言葉だそうです。

行為には善い行為も悪い行為もありますが、現在では、悪い意味に使われる方が多いようです。

『岩波仏教辞典』には、自業自得の説明をした後、「本来は、主体的な行為・責任を強調したものであったが、後には、特に日本では、自分の行為によって得た結果であるから、あきらめるより仕方がないという宿命論的な意味に解されるにいたった」と解説をしています。

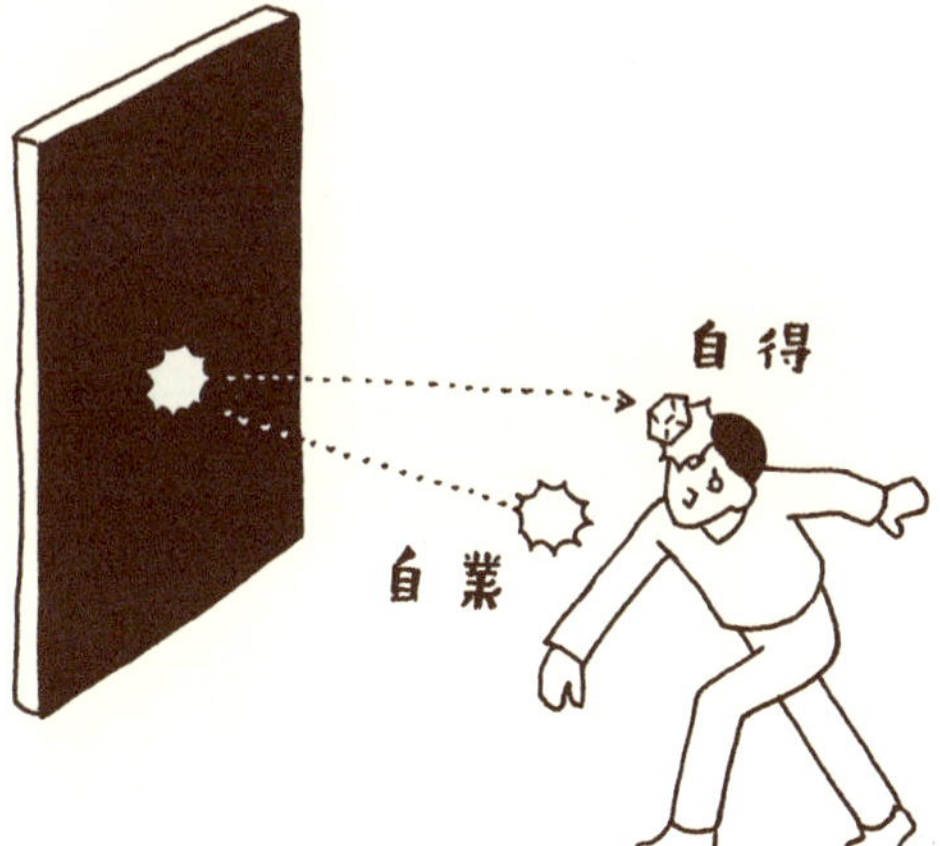

101

獅子身中の虫

［しししんちゅうのむし］

仏教徒の顔をしながらも

★『梵網経《ぼんもうきょう》』に「師子《しし》身中の虫、自ら師子の肉を食う」という例えの文があります。仏典に出てくる「師子」は、獅子・ライオンのことを指しています。

ライオンの体内に寄生している虫は、ライオンの体のなかに住んで恩恵を受けているにもかかわらず、その肉を食い、しかも身内の者のような顔をしていると、説明しています。そして、仏弟子のなかにも、この虫のような者がいて、仏教徒の顔をしながら、実は仏法を破っていると、警告しているのです。

このたとえが「獅子身中の虫」という諺《ことわざ》になりました。

団体やグループなどで、味方のような顔をしながら内部から禍《わざわい》を発生させる者、恩を仇《あだ》で返す者、裏切り者を指しています。

百獣の王といわれるライオンでも、内部から発する禍はとてもおそろしいということですよ。

フフフ…。
モリアーティ
ワ、ワトスン君、
まさか君が…
そこまでだ
ホームズ。
S.ホームズ
Dr.ワトスン

102

獅子奮迅［ししふんじん］

仏は獅子にたとえられる

獅子奮迅とは、獅子が奮《ふる》い立ったように、勢いの盛んなことをいい、大活躍をする状態を形容する日常語です。

能『熊坂《くまさか》』は、盗賊・熊坂長範《ちょうはん》の霊が、生前、牛若丸の旅宿に大勢で攻め入ったが、逆に切り散らされ、自分も命を絶ったと語ります。その壮絶な闘いを「獅子奮迅虎乱入。飛鳥の翔《かけ》り」とありますが、いずれも兵法の名称だと註釈されています。

仏教では、獅子は「師子」と書きます。仏典に「諸仏の師子奮迅の力」（『法華経《ほけきょう》』★）「師子王自在奮迅のごとし」（『大般若経《だいはんにゃきょう》』）とあります。仏が大悲の身を奮い、衆生《しゅじょう》★のために外道《げどう》などの小獣を畏伏《いふく》させる、その様子が、獅子が奮迅するのに似ているので、これを「師子奮迅三昧《ざんまい》」といいます。仏が入る三昧です。

獅子は百獣の王です。仏も人間の王であり、獅子にもたとえるべきお方という意味で、仏教では、仏を獅子にたとえています。仏の座を師子座、仏の歩みを師子歩《ぶ》、仏の説法を獅子吼《ししく》という具合です。

※実際はあまり奮迅しない。

103

師匠［ししょう］

おっしょさんとおしょうさん

「先生といわれるほどの○○でなし」と、陰口をたたかれるほど、先生という名称は、どの分野でも、用いられるようになりました。

先生ほどではありませんが、師匠という名称も広い範囲で使われています。

師匠は、もともと仏教の師のことをいいました。匠とは大工という意味です。師が弟子に、仏道修行の基本的な修行である戒《かい》（戒《かい》律《りつ》）・定《じょう》（禅定《ぜんじょう》）・慧《え》（智慧《ちえ》）の三学を育成するそのやり方が、ちょうど工匠が器をたくみに造り上げていくのと同じだというところから、たとえて匠といったのがはじめです。

師匠はその後、学問や芸術、または武芸などを教える人をもさすようになり、近世以後は、歌舞音曲など、遊芸の教授も「お師匠さん」と呼ぶようになりました。あるいは、すぐれた芸人に呼びかけるときの代名詞にも敬称として用いられています。

104

自然［しぜん］

仏教では「ジネン」

目に青葉　山ほととぎす　初鰹《はつがつお》

いい季節となりました。

自然は躍動しています。ゴールデンウィークには、自然を満喫される方も多いことでしょう。

自然は、おのずからそうなっているさま、天然のままで人為の加わらないことをいう言葉ですが、英語の「ネイチャー」を「自然」と訳してからは、自然界、自然科学、自然主義、自然食品など、各方面で用いられるようになりました。

仏教では、「ジネン」と読み、人為を加えずに、おのずからそうなっていることを意味し、仏教の真理を表す語です。

★親鸞聖人《しんらんしょうにん》は「自然法爾《じねんほうに》」を「自然《じねん》というは、自はおのずからという、行者《ぎょうじゃ》のはからいにあらず。然というは、しからしむということばなり。しからしむというは、行者のはからいにあらず、如来《にょらい》のちかいにてあるがゆえに法爾《ほうに》という」と★『末燈鈔《まっとうしょう》』に説いておられます。

自然環境の破壊が問題となっていますが、みなさんの心の中は大丈夫ですか。

105

四天王【してんのう】

仏法を守護する勇猛な四神

ゴルフ界の三羽烏《がらす》とか芸能界のご三家など、ある分野で優れた人が三人いると、一まとめにこう呼んでいますが、四人の場合はよく四天王といいます。わが社の酒豪四天王やカラオケ四天王、ものまね四天王など、世間にはいろいろな四天王がいるものです。

仏教でいう四天王は、世界の中心にそびえる須弥山《しゅみせん》の中腹にある四方の天にいる主で、帝釈天《たいしゃくてん》☞142帝釈天に仕え仏法を守護する四神のことです。東方の持国《じこく》天、南方の増長《ぞうちょう》天、西方の広目《こうもく》天、北方の多聞《たもん》天（毘沙《びしゃ》門《もん》天）です。

これらは勇猛な神なので、武勇に優れた四人を四天王と呼びました。　渡辺綱《わたなべのつな》・坂田金時《さかたのきんとき》・碓井貞光《うすいのさだみつ》・卜部季武《うらべのすえたけ》は源《みなもとの》 頼光《よりみつ》の四天王ですが、源義経《よしつね》の四天王、織田信長の四天王、徳川家康の四天王は誰かをご存じですか。

　やがて、和歌の四天王とか弓馬の四天王などと広い分野にも用いられ、今日のようになったようです。

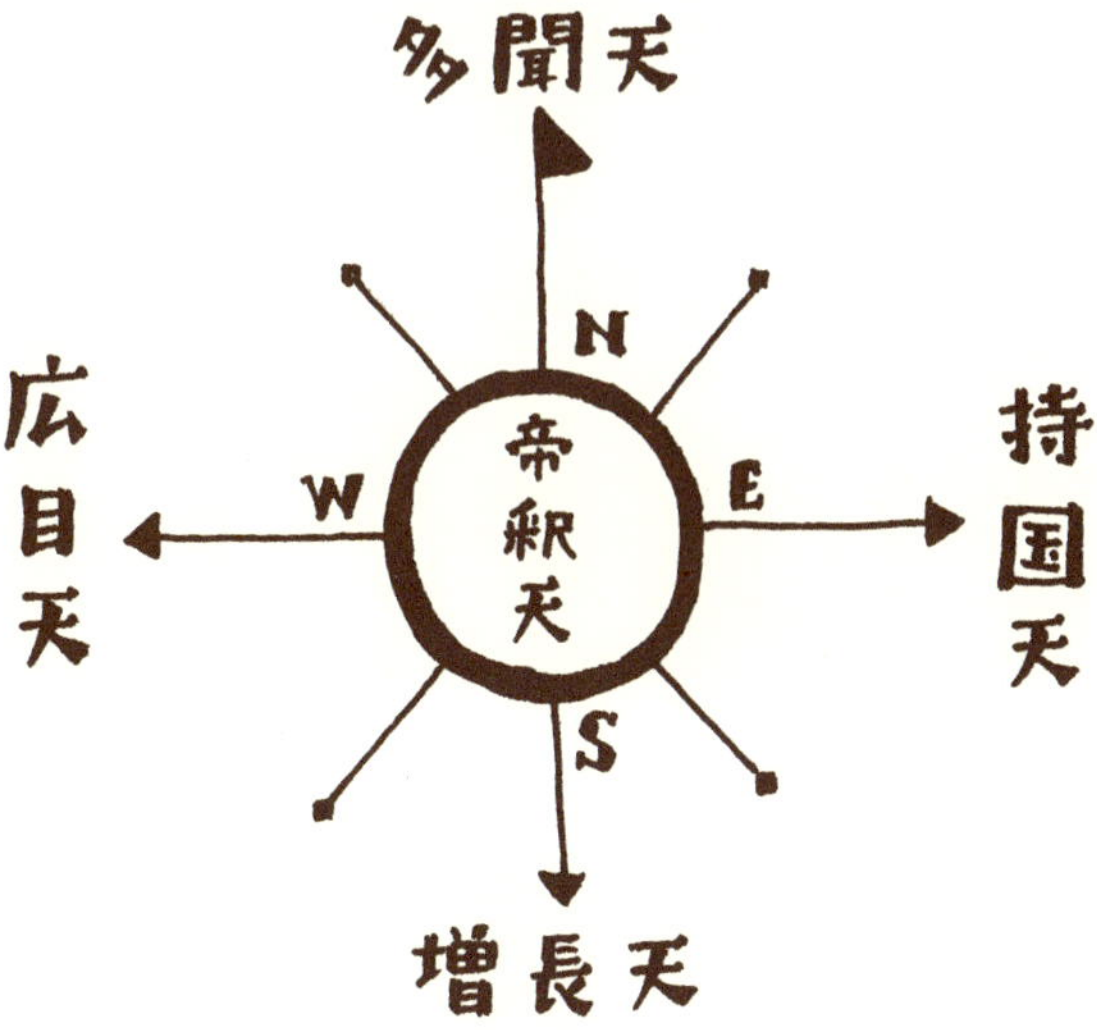

106

慈悲［じひ］

楽を与える慈、苦を除く悲、

「お慈悲と思って」「なんと無慈悲な」と、慈悲は、情けや哀れみを意味する言葉です。

「慈」はサンスクリット語で「マイトリー」といい、友から派生した語で、最高の友情をいいます。

「悲」は「カルナー」で呻きをいい、哀れみや情け、同情を意味する言葉です。

この二つが一つになって「慈悲」となり、生きとし生けるものに対する、いつくしみ、哀れみの情を意味します。

★『大智度論《だいちどろん》』に「慈悲は仏道の根本なり」とあるように、慈悲は大切な仏道実践でした。
★『観無《かんむ》量寿経《りょうじゅきょう》』には「仏心とは大慈悲これなり」とあり、仏が苦悩する★衆生《しゅじょう》を救わずにはおれない心をいいます。★『正《しょう》信偈《しんげ》』の「大悲《だいひ》無倦常照我《むけんじょうしょうが》」がそれです。
「慈」は与楽で父の愛、「悲」は抜苦《ばっく》で母の愛、と説く経典もあります。

「家庭とは　父厳しくて母やさし　それでいいのだ　うちは違うが」という川柳を作った中学生がいましたよ。

　母の日、父の日はどう過ごしていますか？

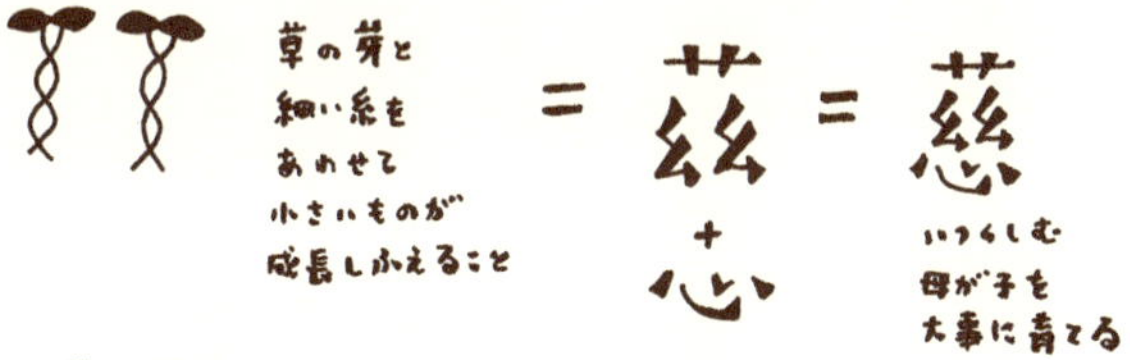

草の芽と
細い糸を
あわせて
小さいものが
成長しふえること
＝ 茲 ＋ 心 ＝ 慈
いつくしむ
母が子を
大事に育てる

※漢字源より。

107

娑婆 ［しゃば］

苦悩に満ちた現実世界

テレビドラマなどを見ていると、刑務所から出所してくる場面で「シャバに出る」とか「シャバの空気はうまい」「シャバの風は冷たい」などといって、自由な解放された世界を娑婆と呼んでいるようです。

しかし、娑婆とはサンスクリット語「サハー」の音写で、堪え忍ぶ土地という意味です。忍土とか堪忍土とか忍界などと訳されて、現実のこの世のことです。

現実のこの世界の★衆生《しゅじょう》は、内に種々の煩悩《ぼんのう》があって苦しみや悩みが満ちており、外には風雨寒暑などあって、苦悩を堪え忍ばねばなりません。人はそれを堪え忍んでいるところから、現実の世界のことを指しています。

★親鸞《しんらん》聖人《しょうにん》が、★和讃《わさん》に「娑婆永劫《ようごう》の苦をすてて」と詠じておられるのがそれです。

だから、娑婆はそんなに自由な世界ではないのですがね。

1980年代の煩悩。

108

舎利 [しゃり]

シャリシャリいうから?

舎利は、サンスクリット語の「シャリーラ」を音写した言葉です。シャリーラとは、もともと身体を意味する語ですが、やがて、遺骨、特に聖者の遺骨を意味する言葉になりました。お釈迦さまの遺骨を「仏舎利《ぶっしゃり》」といいます。

お釈迦さまがお亡くなりになったとき、その遺体は火葬にされました。その遺骨を求め、八つの部族が争ったそうですが、結局、遺骨を八等分しました。仏舎利をもらった八つの部族は、それぞれその遺骨を自分の国に持ち帰り、塔を建てました。それが仏舎利塔です。

舎利崇拝が盛んだったのでしょう。遺骨は仏の身体そのものと考えられていたようです。後世、アショーカ王は、八ヵ所に埋葬されていた遺骨を、さらに分骨し、全インドに八万四千の仏舎利塔を建てたと伝えられています。

現在、すし屋などで、白い米飯のことを、俗に「シャリ」と呼んでいるのは、銀飯の艶《つや》やかな色や形が、仏舎利に似ているところからきたといいます。銀シャリ、なつかしい言葉です。

109

自由自在

［じゆうじざい］

「自在人」は仏の別称

仏教では、あらゆる束縛から解き放された境地を「自由」といいます。悟りの境地のことです。

他のものの影響や支配を受けることなく、独立自尊で、それ自身において存在することのできる安らかな境地をいいます。

自由であれば、自分の思い通りの存在となれるので、これを「自在」といいます。

仏や菩薩《ぼさつ》はそのような力を具えているので、仏のことを自在人といい、観世音《かんぜのん》菩薩のことを観自在菩薩といいます。

その自在の力には、世の中を見抜く自在、説法・教化をなしうる自在、自由に種々の国土に生まれ、国土を清浄にする自在、寿命を伸縮できる自在など、種々の自在が説かれています。

だから、自由自在とは、何ものにもとらわれることのない、のびのびとした安らかな心身の境地と、そこから現れる、とらわれのないはたらきをいうのです。

決して、わがまま勝手なことではありませんゾ。

自由＝freedom　自在＝universal

自在人＝UNIVERSAL FREEDOM MAN

略してUFM。

110

出世【しゅっせ】

この世に仏が出られたこと

「立身《りっしん》出世」という言葉があります。「立身」は身を立てる、立派な人に成るという意味で、「出世」は世に出る、成功して名声を得るという意味ですから、立身出世は社会的に高い地位につき、世間に名を上げることです。

明治期の青年の多くがこれを目的として努力したといいます。

出世とは、本来、仏が★衆生《しゅじょう》を救うために、仮に人間の姿となって、この世に出現されることをいいます。「仏出世本懐《ぶっしゅっせほんがい》」などと説かれるのも、この意味です。

また、世間的なことを越える意味で、迷いの世俗の世界を越えて仏道に入り、修行者になることを、「出世間《しゅっせけん》」☞127世間とも出世ともいいます。

日本では、公卿《くぎょう》の子息が出家した場合に出世と呼ばれました。

普通の者より昇進が早かったそうで、転じて僧が高い位に昇り、大寺院の住持《じゅうじ》となることを指すようになり、それが一般にも広まったようです。

無出世族《マドギワゾク》

111

寿命 〔じゅみょう〕

無量寿如来＝阿弥陀さま

日本人の平均寿命の高さは世界一位を続けています。死亡率も低く、百歳以上の老人の数も増え続け、日本は世界一の長寿国です。おめでたいことです。

しかし、その反面、少子高齢化が進み、年金問題や介護問題などの諸難題が起こっています。

仏教では、生命のことを「寿命」とか「命根《みょうこん》」といいます。この世に生まれてから死ぬまでのあいだ持続し、体温（煖《なん》）と意識（識）とを維持するものです。

寿は煖・識を維持し、煖・識はまた寿を維持し、両者は相依の関係で、死ぬときには、この寿・煖・識が肉体から去ると説明しています。

その寿命の長さを寿量といいますが、時代と自然とによって、人の寿命には長短の差があるといいます。

『★阿弥陀経《あみだきょう》』に「かの仏の寿命およびその人民も無量無辺阿僧祇劫《あそうぎこう》なり。ゆえに阿弥陀と名づく」とあり、★阿弥陀仏の寿命は限りなく、無量寿《むりょうじゅ》なのです。

日本は世界一の長寿国ですが、お年寄りが世界一生き甲斐の持てる国にしたいものですね。

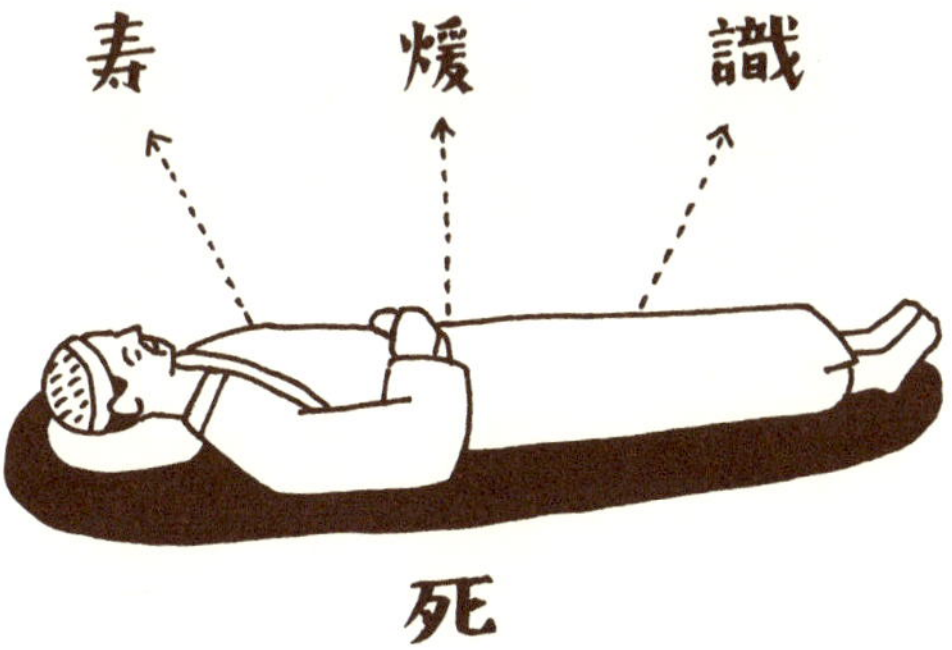

成就

［じょうじゅ］

「お守り」によく使われる語

いよいよ入学試験のシーズンとなりました。

受験生やご家族にとっては、苦しい毎日でしょうが、大願成就の喜びを期待しています。

成就とは、できあがること、成し遂げること、願いや目的が成し遂げられることを意味する日常語です。

仏教では、成就は「身に具《そな》えていること」を意味します。智や徳を完全に身に具えていることですが、煩悩《ぼんのう》成就の凡夫《ぼんぷ》などという言葉もあります。

『倶舎論《くしゃろん》』には「得に二種あり」として、今まさに得ようとするところを「獲《ぎゃく》」といい、得終わってさらにそれを維持していることを「成就」と呼ぶと記されています。

また、成就は「完成すること」を意味します。「菩薩の諸波羅蜜《はらみつ》を成就せむ」という具合です。★阿弥陀仏が本願を成就したことを説いた経文《きょうもん》を「成就文《じょうじゅもん》」といいます。

菩薩の十力《じゅうりき》の「成就衆生力《じょうじゅしゅじょうりき》」は、★衆生を救済し、仏となることを成就させる力のことです。

受験生のみなさん、日頃身に具えた実力を発揮して、大願成就のため、がんばってください。

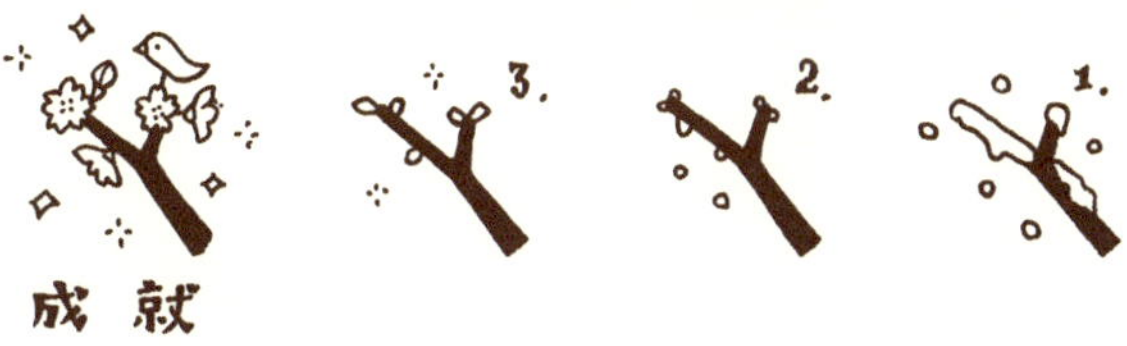

113

精進［しょうじん］

単なる料理のジャンルではない

精進料理といえば、魚や肉類を使わない料理であることは誰でも知っています。

祭や葬式の後のように、心身を清める精進の期間が終わると、精進落ちとか精進明けと称して、肉食飲食の宴がもたれるのをよく見かけます。栄養補給でしょうか。

精進とは、もともと、仏教の実践徳目である「★六波羅蜜《ろっぱらみつ》」の一つで、精魂こめて励み進むこと、努力精励することをいいます。このことから、一般に努力することを意味し、手紙などに「ますますご精進ください」などと書かれたりしています。

この精進に、日本では新しい意味がつけ加わりました。仏教が伝来する以前から神事で行われていた「潔斎《けっさい》」と結びついて、「精進潔斎」といわれるようになったのです。心身を清め、行いをつつしむというものです。

肉や魚を使わない精進料理は、この意味から来たのでした。

精進料理

114

冗談【じょうだん】

仏道修行には無用

「あの人は、よく冗談をとばすよ」とか、「冗談はよしてください」とか「彼は冗談が通じないから困る」などという言葉は、一般に、ふざけた話、滑稽《こっけい》な言葉、あるいは、ユーモアのある会話などの意味に使われています。

「冗談半分」というと、まじめな話とおどけた話が、半ば入りまじっているのでしょう。

「瓢箪《ひょうたん》から駒が出る」をもじって「冗談から駒が出る」という諺《ことわざ》や、「冗談からしばしば真面目《まじめ》が生まれる」というドイツの諺もあります。

仏教では、仏道修行中、それに関係のない無用な対話を、冗談と呼んでいます。「冗」とは、むだ、不要、あまっているという意味ですから無駄話という意味なのでしょう。

それが、やがて、仏道修行以外の場でも用いられるようになり、現在のような日常語になっていったようです。

115

正念場

［しょうねんば］

歌舞伎などでは「性根場」とも

新聞には「国会、正念場を迎える」「外交交渉の正念場だ」。

テレビでは「マラソンの正念場にさしかかりました」「金メダルの正念場です」。

スポーツ新聞には「ペナントレースの正念場」。

「正念場」はいろいろな分野で用いられています。

しかし、正念場として、もっとも有名なものは、歌舞伎《かぶき》、浄瑠璃《じょうるり》で、一曲一場の大事な見せ場、主人公がその役の本領（性根《しょうね》）を発揮するもっとも重要な場面を指します。

これから転じて、ここぞという大事な場面や局面をいうようになりました。

　お釈迦さまが初めての説法のとき、★八《はっ》正道《しょうどう》という、仏教の実践方法を示されましたが、その一つが「正念」で、邪念を離れて仏道を思い念ずることをいいます。また『★末燈鈔《まっとうしょう》』には「正念といふは本《ほん》弘《ぐ》誓願《ぜいがん》の信楽《しんぎょう》定まるをいふなり」と、本願を疑いなく信ずる心の定まったことを正念といっています。

　正念場とは、そんな大事な場をいうのです。みなさんの正念場はいつですか。

116

上品・下品

［じょうひん・げひん］

「ボン」格が問われています

世間では、品性が立派なことを上品、下劣なことを下品といっています。

仏教では上品を「ジョウボン」、下品を「ゲボン」と読みます。★『観無量寿経《かんむりょうじゅきょう》』によると、★阿弥陀仏の極楽浄土に往生を願う★衆生《しゅじょう》を、その能力や資質に応じて九種類に分け、これを「九品《くほん》」と称しています。

「九品」とは、まず、上・中・下の「三品」に分け、その一々を上・中・下の「三生《しょう》」に分けて、九種類に分類するのです。

つまり、上品上生・上品中生・上品下生・中品上生・中品中生・

中品下生・下品上生・下品中生・下品下生です。

　下品下生のものは、この世でさまざまな悪行の結果、地獄に落ちる人間ですが、最終的には、阿弥陀仏に救われて極楽浄土に往生すると説かれています。

　日常語の上品と下品は、ここから来たのです。

117

諸行無常

［しょぎょうむじょう］

仏教の真理のひとつ

「祇園精舎《ぎおんしょうじゃ》の鐘の声、諸行無常の響きあり」

『平家《へいけ》物語』の語り出しの有名な一句です。

インドの祇園精舎には無常堂があり、その四隅の軒《のき》にさげられている鐘は、修行僧が命を終わろうとするとき「諸行無常」の四句の偈《げ》を響かせ、僧を極楽浄土へ導いたといいます。

★☞28いろは歌

このように、諸行無常は人生のはかなさ、生命のもろさ、そしてときには死を意味する言葉として、日本人になじみの深い語句となっています。

しかし、本来、諸行無常とは、この世のものはたえまなく変化し続けているという事実を、ありのままに述べたもので、仏教の真理の一つなのです。

人が死ぬのも無常ですが、生まれるのも無常、成長するのも無常だというのです。不幸な人が幸福に恵まれるのも無常なのです。

万物《ばんぶつ》は流転《るてん》していいます。だからこそ、努力するのであり、一刻一刻が貴重なのであり、限りある命を大切にするのです。

けっして、「無情」ではありませんぞ。

118

初心 ［しょしん］

「忘れないこと」を忘れないで

入学式や入社式のシーズンになりますと、何となく新鮮で、能楽の世阿弥元清《ぜあみもときよ》の言った「初心忘るべからず」の名句がぴったりの風景が展開されます。

初心とは、最初の決心・思い立った初めの心という意味ですが、他に、習い初め、未熟とか、世なれない、うぶとかの意味もあるそうです。

この初心は、もともと、仏教語の「初発心《しょほっしん》」から来た言葉で、初めて悟りを求める心を発《おこ》すことをいいます。

★『華厳経《けごんきょう》』に「初発心の時、すなわち正覚《しょうがく》を成ず」とありますが、初めて悟りを求める心を発すとき、正しい悟りへの道は開かれているという意味で、初心はたいへん大切だということを表したものです。世阿弥の名句は、このお経の文句から生まれたといわれています。

みなさん、初心を忘れていませんか。もう一度思い出してみてくださいね。

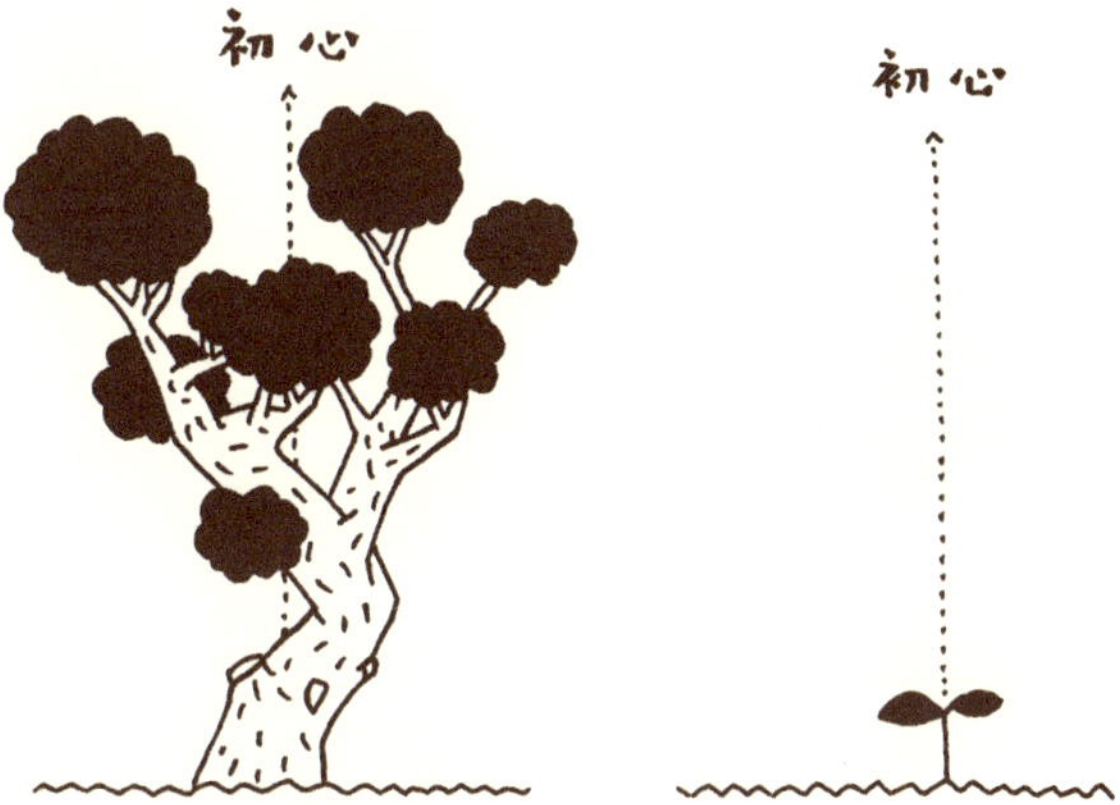

119

所詮 ［しょせん］

「能詮」と対になっている「所詮、われわれにはどうにもならないことだよ」と、「所詮」は、要するに、結局、どうせなどという意味の副詞として知られています。

仏典には、よく「能」と「所」が対になって登場します。「能」は能動的に、ある動作の主体となるもの、「所」は受動的に、その動作の客体となるものを示しています。

たとえば、見る眼を「能見」、見られる対象を「所見」、行ずるものは「能行」、行ぜられる事柄は「所行」、教化《きょうけ》する者は「能化《のうけ》」、教化される者は「所化《しょけ》」といった具合です。

この「所詮」も同じように「能詮」に対する言葉です。「詮」は「つぶさに説く」という意味ですから、「能詮」は説明するもの、つまり、言葉や文字であるのに対し、「所詮」は、その言葉や文字によって表された内容をいいます。

「所詮」は、経文《きょうもん》に表された義理という意味から、究極、最後の目的という意味となり、現在のように用いられるようになりました。

まわりくどい説明になりましたが、所詮、仏の教えのことですね。

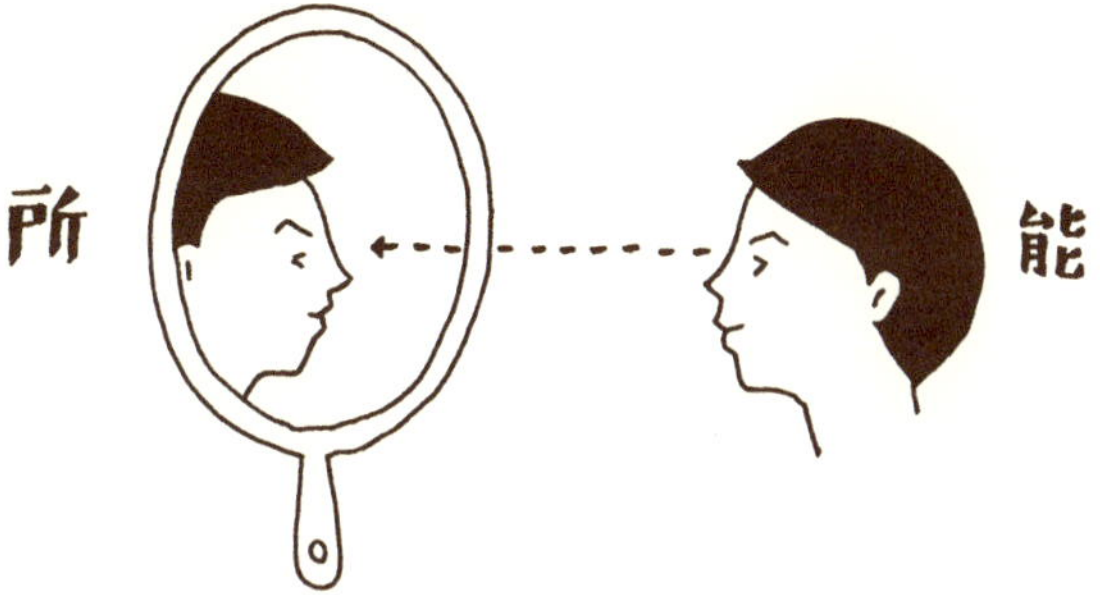

120

食堂 【しょくどう】

仏教では「ジキドウ」

学校の食堂や電車の食堂車など、文字通り食事をする場所が食堂です。最近では、レストランと呼ぶ方が一般的になってしまったようですが。

この「食堂」は僧侶が食事をするための堂という意味の仏教語で、お釈迦さまの時代からあったようです。ただ、仏教ではこれを「ショクドウ」といわずに「ジキドウ」と呼んで、七堂伽藍《しちどうがらん》☞59伽藍堂の一つでした。

古くは独立した建造物だったようですが、その後は宗派などによって、いろいろに変化していきました。

★禅宗では、浴室（風呂）・僧堂（座禅・食事・就寝などをする堂）・西浄《さいじょう》（便所）を「三黙堂《さんもくどう》」といって、話をしてはいけない場所になっています。
仏道修行の立場からは、食事も大切な修行の一つなので、現在でも禅寺の食堂では、規律の厳しい厳粛な場所となっています。

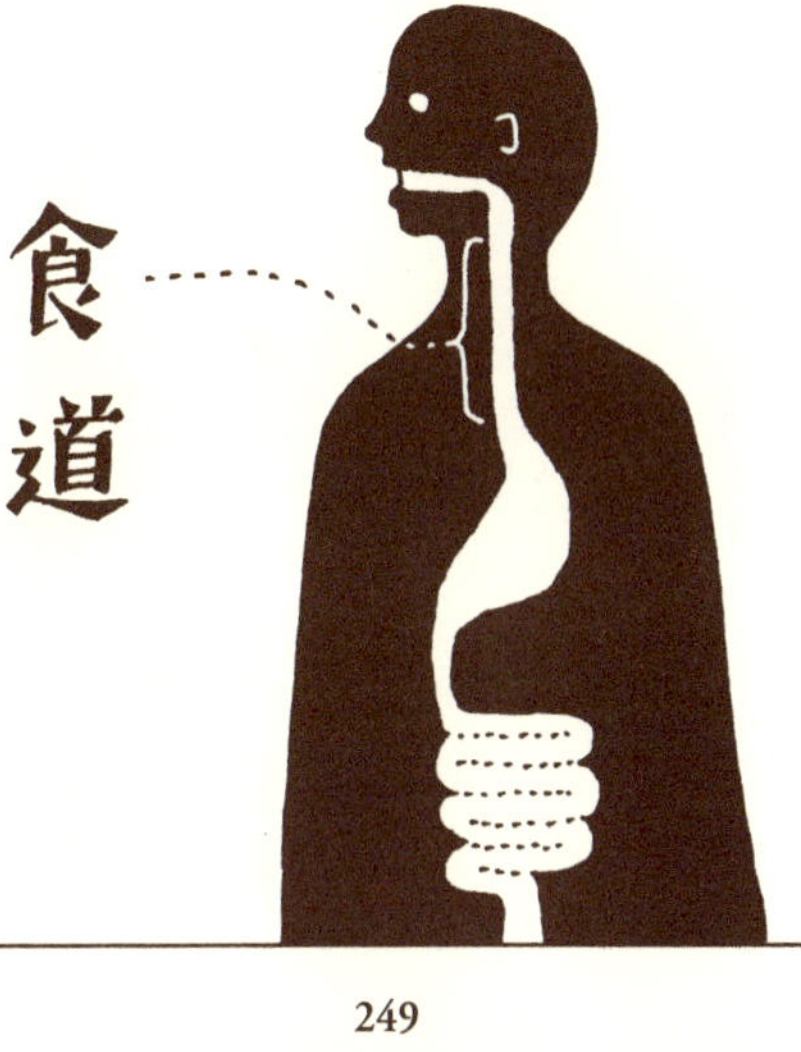

121

しょっちゅう

はじめ・なか・おわり

「あの子はしょっちゅう、ゲームばかりやっている」「あいつは、しょっちゅう、遅刻している」

いつも、常に、終始というときに「しょっちゅう」という言葉を使います。

えっ、これも仏教語？　まあ、そんなに驚かないで、話を聞いてください。

お釈迦さまが説法をはじめられて、六十人の弟子ができたときのことです。彼らを集めて、

「弟子たちよ、汝《なんじ》らは世の束縛を脱して、心の自由を体得した。こ

れからは世の人びとの利益と幸福のために、諸国を遍歴せよ。二人して一つの道を行くな」と、宣言されました。

そしてさらに「初め善《よ》く、中ごろも善く、終わりも善く、道理と表現を兼ね備えた法を説け」と諭されたのでした。

★『法《ほ》華経《けきょう》』にも「正法《しょうぼう》を演説したもうに、初善、中善、後善なり」とあります。

この「初中終」が訛《なま》って「しょっちゅう」となりました。

だから、この言葉は、善いことに使ってもらいたいものですね。

初中終居眠。

122

除夜の鐘

［じょやのかね］

心の垢を落としましょう

大晦日《おおみそか》の夜、寺々で撞《つ》かれる除夜の鐘を聞きながら、過ぎ去った一年を思い、新しい年への期待をこめるのが日本人の習慣となっています。

中国ではじまった習俗で、昔の中国の寺院では、毎朝夕に、百八の鐘をついたといいます。

除夜とは、除夕《じょせき》ともいい、一年で最後の晩、大晦日の夜のことです。

行く年を送り、来る年を迎えるに当たって、私たちは過去の垢《あか》を落とします。部屋を掃除し、身体の垢を風呂で流します。

しかし、心の垢はそう簡単に落ちるものではありません。私たちの心の垢は煩悩《ぼんのう》といい、百八もあるのです。その百八の煩悩を除去し、清浄な心身で新年を迎えるため、寺々では百八の鐘を、除夜に撞くのだといわれています。

いずれにしても、行く年・来る年の節目を自覚させてくれる情緒のある鐘の音ですね。

百八の鐘

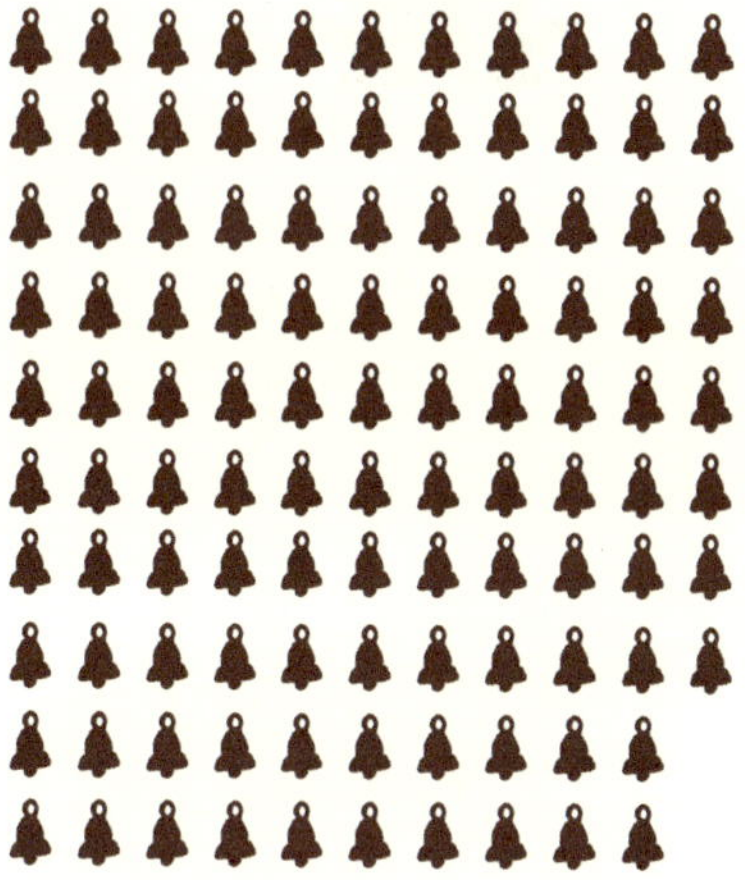

巻末註

本文中に★印のついている語句はこちらで詳しく説明しています
（上下巻共通）

《あ》

阿含経【あごんきょう】 原始仏教の経典。阿含はサンスクリット語「アーガマ」の音写で、「伝承された教説」の意。釈迦直説とみなされた経典を多く含んだ経蔵のことである。漢訳では長・中・雑・増一の四阿含がある。また、パーリ語では「ニカーヤ」といい、長・中・相応・増支・小の五部がある。

↓38縁起／45億劫／75行水

阿弥陀経【あみだきょう】 一巻。鳩摩羅什《くまらじゅう》訳。浄土三部経の一つで略して『小《しょう》経《きょう》』ともいう。阿弥陀仏と極楽浄土の美しい光景を示し、その浄土に往生することを勧め、称名念仏を説く。無問自説経（問いを待たずに自ら説かれた経）、また一代結経（釈迦一代の説法の結びの経）といわれる。

↓111寿命／142帝釈天／221蓮華

阿弥陀仏【あみだぶつ】 阿弥陀如来。略して弥陀。浄土教の本尊。阿弥陀とは「はかりしれない」という意味で、無量光仏とも無量寿仏ともいう。一切の衆生が救われることを願い、この願いが達せられなければ自分も仏にならないと誓って修行を重ね、ついに仏となって西方極楽浄土を建立して衆生を救う。

↓9阿号／16安心／17安楽／25一念発起／41往生／63観察／65観念／96三昧／111寿命／112成就／116上品・下品／150他力本願／179念仏／190不思議／225和顔愛語

《い》

一念多念証文【いちねんたねんしょうもん】 一巻。親鸞著。一念義（一度の念仏で往生）・多念義（多くの念仏で往生）の諍いの中、そのどちらにこだわるのも他力の信心にそぐわないと戒め、法然門下の隆寛の『一念多念分別事』を証文とし、そこに引用された経論釈の文を抄出して註釈を加えた。『一念多念文意』ともいう。

↓61歓喜

一休【いっきゅう】（一三九四―一四八一）室町中期の臨済宗の僧。名を宗純。後小松天皇の皇子とも伝えられ、六歳で出家。滋賀県堅田の華叟宗曇《かそうそうどん》に印可を受け、師の没後はもっぱら諸方に遊化。晩年、大徳寺の四十八世を継ぎ、禅の大衆化に努めた。書画、詩偈、道歌をよくし、奇行が多かった。
↓132善哉

一遍【いっぺん】（一二三九―一二八九）出家して比叡山で修行。のち浄土宗西山派の祖・証空の門下の聖達を師に浄土教を学ぶ。各地を遊行して遊行上人と呼ばれ、念仏を唱えながら踊る「踊り念仏」をはじめ、時宗の普及に努めた。円照大師。
↓61歓喜／180念仏踊り

《え》

栄西【えいさい】（一一四一―一二一五）日本臨済宗の祖。はじめ比叡山で学び、二度にわたって入宋し、天台山の虚庵懐敞《きあんえしょう》の衣鉢を継ぎ、帰国後福岡・鎌倉・京都で禅を唱え、京都で建仁寺を創建。著書に『興禅護国論』。
↓70喫茶

回向【えこう】 サンスクリット語「パリナーマナー」の漢訳で、廻向とも書く。自らの修めた功徳を、自らの悟りのために、または他者の利益のためにめぐらすこと。読経などの功徳を死者にさしむけることなど。浄土真宗では、仏がその徳を人びとにふりむけて救済の手をさしのべることをいう。

↓25一念発起

《お》

恩徳讃【おんどくさん】　親鸞著『正像末和讃』の結びの和讃に曲をつけた讃歌。音楽法要のときだけでなく、一般の法要のときにもよく歌われている。旧譜は沢康雄作曲で一九一九年発表。新譜は清水脩作曲で一九五二年発表。

↓155知識

《か》

過去仏【かこぶつ】　釈迦牟尼仏と、それ以前に現れたとされる六仏を併せて「過去七仏」という。毘婆尸仏《びばしぶつ》、尸棄仏《しきぶつ》、毘舎浮仏《びしゃふぶつ》、拘留孫仏《くるそんぶつ》、拘那含牟尼仏《くなごんむにぶつ》、迦葉仏《かしょうぶつ》。教えは普遍的なもので、釈迦以前のはるか遠い昔から順次説き継がれてきたという。過去七仏共通の戒めの詩句が「七仏通戒偈」である。

↓212唯我独尊

観経疏【かんぎょうしょ】『観無量寿経疏』のこと。善導の主著。疏は註釈書の意。諸師の『観無量寿経』の解釈をただし、真意を明らかにしようとした。玄義分・序文義・定善義・散善義の四帖からなるので、「四帖疏」ともいう。浄土宗の開祖・法然はこの書によって宗義を組織した。

↓63観察

鑑真【がんじん】（六八八—七六三）中国揚州の人。日本律宗の祖。入唐僧の栄叡、普照の熱望に応じて日本への渡来を決意したが、五回の失敗と失明という苦難にあう。十二年目の六回目、七五四年にやっと来日し、東大寺に戒壇院を設け、唐招提寺を開創した。

↓167豆腐

観無量寿経【かんむりょう

じゅきょう】 一巻。畺良《きょうりょう》耶舎《やしゃ》訳。浄土三部経の一つで略して『観経《かんぎょう》』ともいう。釈迦在世の当時、王舎城で起こった事件を契機とした経。息子の阿闍世太子《あじゃせたいし》によって宮殿の奥に幽閉された韋提希夫人《いだいけぶにん》の願いに応じて、阿弥陀仏と浄土の荘厳を示し、その浄土に往生するための方法を説く。

→46隠密／106慈悲／116上品・下品／136相好

《き》

教行信証【きょうぎょうしんしょう】 詳しくは『顕浄土真実教行証文類』といい、親鸞の主著。一二二四年成立。教・行・信・証・真仏土《しんぶつど》・化身土《けしんど》の六巻から成り、浄土真宗の教義体系が示されたもので、浄土真宗の立教開宗の根本聖典。

→45億劫／46隠密／150他力本願／207迷惑／225和顔愛語

《く》

空也【くうや】 （九〇三―九七二）平安中期の僧。空也念仏の祖。諸国を遊行して、橋を架け、道を拓き、常に念仏を唱えていた。九三八年京都に入り、市中で念仏を勧めて庶民を教化し、市《いちの》聖《ひじり》・阿弥陀聖と呼ばれた。六波羅蜜寺を建立。同寺蔵の空也上人立像（重文）は鎌倉時代の康勝の作。

→61歓喜／180念仏踊り

倶舎論【くしゃろん】 『阿毘達磨倶舎論』三十巻のこと。世親（天親）の著。玄《げん》奘《じょう》訳。小乗仏教の教理の集大成である『大毘婆娑論』の綱要書。仏教の百科全書というべき書で、仏教の基礎的典籍として重要視された。

→112成就／137相続／175人間

《け》

偈【げ】 サンスクリット語

「ガーター」の音写で、意訳して偈《げ》頌《しょう》ともいう。本来、「歌う」を意味する語から派生した言葉。経文の中で、仏の教えや仏・菩薩の徳を讃えるのに、詩句の体裁で述べたもの。

→28いろは歌／117諸行無常／212唯我独尊

華厳経【けごんきょう】 詳しくは『大方広仏華厳経』といい、大乗経典の一つ。漢訳には八十巻本・六十巻本・四十巻本の三種があり、華厳宗の根本聖典。釈迦が成道の直後に自ら悟った内容をそのまま示し、その悟りにいたる段階を説き、精神の深まりを説く経典で、全世界を毘《び》盧《る》舎那《しゃな》仏《ぶつ》の顕現であるとする。

→25一念発起／39演説／118初心／145大丈夫／207迷惑／213融通

原始経典【げんしきょうてん】 釈迦在世の時代から入滅後百～二百年の原始仏教時代に成立し、伝承、編纂された経典で、釈迦の教法がもっとも素朴に伝えられている。五部のパーリ経典、四部の阿含経典が現存する。

→43お蔭様／93懺悔／164道具

《こ》

公案【こうあん】 元来は官庁の調書・案件を意味する法制用語であったが、転じて禅宗の用語になった。臨済宗では参禅のとき、考える手がかりとするため、師が門弟に与える問題をいう。先人の言行を題材にした課題であるが、知的分別心で解き得ない難問であるところに特徴がある。総数は一七〇〇に及ぶという。

→70喫茶／161提唱

弘法大師【こうぼうだいし】（七七四－八三五） 名は空海。

真言宗の開祖。讃岐の生まれ、はじめ大学に学んだがやがて出家。八〇四～八〇六年入唐し、青龍寺の恵果に密教を学ぶ。帰国後の八一六年、高野山に金剛峰寺を開き、八二三年には京都に教王護国寺（東寺）を与えられる。詩文・書道に優れ、綜芸種智院を開設。

↓28いろは歌

御文章【ごぶんしょう】 御文（おふみ）ともいう。蓮如が門徒の要望に応えて、真宗教義の要を平易な手紙の形式で書き与えた法語。広く流布され、真宗普及に果たした役割は大きい。現在でも勤行や説教、法話のあとに読まれている。中でも「白骨章」は有名。

↓86後生

《さ》

三帰依文【さんきえもん】 仏・法・僧の三宝に帰依することを三帰依という。帰依仏・帰依法・帰依僧の三つの帰依は、仏教徒としての必須条件であり、三帰依文はその文である。

↓14有り難い

サンスクリット語【さんすくりっとご】 古代インド語の標準的文章語で、「完成された純正な言語」という意味。俗語に対して洗練された雅語といわれ、最高神である梵天によって造られた言葉という意味で「梵語」ともいう。大乗仏教の経典はもと多くこの語をもって記された。

↓1愛（初出）他多数

《し》

時宗【じしゅう】 一遍によって立宗された浄土宗の一派。一二七四年、熊野権現に参籠して霊験を得たため、時宗開創の年とする。本尊・六字名号。経典・浄土三部経（『阿弥陀経』が正所依）。
↓9阿号

七慢【しちまん】 慢とは他人と比較して、おごりたかぶることや、あなどることをいう。七慢とは、慢、過慢、慢過慢、我慢、増上慢、卑慢、邪慢で、それぞれ他に対して自らを誇ったり、過大評価したり、我執したり、徳があり悟りを得たと思い込んだりする煩悩を分類したもの。
↓58我慢

ジャータカ物語【じゃーたかものがたり】 釈迦が前世において菩薩であったとき、いかなる善行をし、功徳を積んで、その結果この世で悟りを開くことができたかを示す物語。説話文学の宝庫として、『イソップ物語』などに影響を与えた。

↓36懐兎

十二礼【じゅうにらい】 一巻。七高僧の第一祖・龍樹造。禅那《ぜんな》崛多《くった》訳。龍樹が自ら西方浄土へ往生することを願い、阿弥陀仏を礼拝讃嘆した讃歌。その礼拝する心が十二回繰り返されており、七言四十八句より成る。
↓158頂戴

衆生【しゅじょう】 サンスクリット語「サットヴァ」の訳語で、生存するもの、命あるもの、生きとし生けるものなど一切の生物を意味する。しかし、一般には人間を指す場合が多い。なお、「衆生」は旧訳で、新訳では「有情」と訳す。
↓1愛／24一大事／30引導／48海潮音／102獅子奮迅／106慈悲／107娑婆／110出世／112成就／116上品・下品／127世間／135僧／191不請不請／199方便

正信偈【しょうしんげ】 親鸞の主著『教行信証』行巻の末にある百二十句の偈。

詳しくは『正信念仏偈』。浄土真宗の教えを簡潔に示した讃歌。蓮如はこれに和讃と念仏を加えて日常の勤行とした。以来、信者たちにもっとも親しまれ多用されている。

→26一味／34有無／106慈悲／221蓮華

浄土宗【じょうどしゅう】 法然を宗祖とする念仏宗。往生浄土を宗義とする。法然は一一七五年、四十三歳のとき、『観経疏』の文により専修念仏に帰し、比叡山を下りて東山吉水に移り住み、念仏をひろめた。浄土宗ではこの年を立教開宗の年とする。本尊・阿弥陀仏、主要経典・浄土三部経。

→9阿号

浄土真宗【じょうどしんしゅう】 親鸞を宗祖とする浄土門の一派。真宗・一向宗ともいう。浄土三部経を所依とする。絶対他力を強調し、人びとはすべて阿弥陀仏の本願にすがれば極楽往生ができると説く。

→16安心／25一念発起／30引導／85居士／165道場／179念仏／194不退転／201盆／209もったいない

浄土文類聚鈔【じょうどもんるいじゅしょう】 親鸞著。「略文類」「略典」ともいい、『教行信証』の抄本的な性格をもつが、『教行信証』の構成や内容の重点を知り、その理解を助けるものとして大きな意義をもつ著作。

→225和顔愛語

正法念処経【しょうぼうねんじょぎょう】 七十巻。瞿曇般若流支《くどんはんにゃるし》訳。仏教の宇宙観が雄大なスケールで述べられ、その宇宙で六道輪廻のさまとそれを厭離することを説いている。源信の『往生要集』はこの経によって厭離穢土を述べている。
↓10悪口／100自業自得

真言宗【しんごんしゅう】
弘法大師空海が中国から伝え、開宗した密教の宗派。中国で恵果から両部（『大日経』と『金剛頂経』）の奥義を受け、八一六年、高野山に金剛峰寺を建立してこの宗を開き、はじめて真言宗と称した。本尊は法身・大日如来。主な経典・大日三部経。
↓52学生

親鸞【しんらん】（一一七三―一二六三）浄土真宗の開祖。比叡山で学んだが満足せず、六角堂に百日参籠ののち法然の門下に入る。一二〇七年、念仏停止によって越後の国府に流罪。のち関東をめぐり他力本願の教えをひろめた。主著は『教行信証』。
↓23一期一会／52学生／61歓喜／104自然／107娑婆／150他力本願／207迷惑／225和顔愛語

《せ》

善導【ぜんどう】（六一三―六八一）中国・唐代の僧。中国浄土教、ことに曇鸞《どんらん》・道綽《どうしゃく》の流れを大成した。『観経疏』『往生礼讃』などの著作があり、その著作は法然に大きな影響を与えた。
↓63観察

禅宗【ぜんしゅう】 釈迦の経や論によらず、直ちに仏の心を衆生の心に伝えることを説く教えで、不立文字を標榜して坐禅を重視する仏教。釈迦から仏弟子の摩《ま》訶《か》迦葉《しょう》に伝えられ、達磨大師が中国に伝えた。日本には栄西が臨済宗を、道元が曹洞宗を伝え、中国の隠元が黄檗《おうばく》宗を伝えた。
↓15行脚／16安心／18威儀／29印／30引導／37衣鉢を伝える／47懐石／87炬燵／120食堂／123頭巾／138啐啄の機／149脱落

／151達磨／154知事／161提唱／208面目／222老婆心

《そ》

曹洞宗【そうとうしゅう】 一二二七年、道元が中国から伝えた禅宗の一派。坐禅そのものが仏法であるとして、臨済宗と違って公案を用いず、只管打坐（余念を排してひたすら坐禅すること）を説く。永平寺を拠点として、やがて地方の土豪・農民に普及した。

↓123頭巾／197平常心

《た》

大乗義章【だいじょうぎしょう】 二十六巻。地論宗の浄影寺慧遠の撰。当時（隋の時代）、中国に伝来していた経・律・論のすべてにわたって、大乗的視点から教理を整理したもので、仏教用語の解説辞典。

↓97自覚／205無尽蔵

大智度論【だいちどろん】 百巻。龍樹著。鳩摩羅什訳。『大品般若経』の註釈書であるが、当時の仏教の諸思想を摂取しており、引用される経典や論書も膨大で、仏教以外の典籍にまでおよび、一種の大乗仏教の百科全書のような書。

↓106慈悲／135僧／159塵積もりて

他力念仏【たりきねんぶつ】 自力念仏に対する言葉。『蓮如上人御《ご》一代記《いちだいき》聞書《ききがき》』に、「自力の念仏は、念仏を数多く称えて仏に差しあげ、その功徳によって仏が救ってくださるように思って称えるのである。他力の念仏は、阿弥陀仏におまかせする信心がおこるそのとき、ただちにお救いいただくのであり、その上で申す念仏は報恩感謝の念仏である」と述べられている。

↓46隠密

歎異抄【たんにしょう】　親鸞の滅後、その教えと異なる解釈が生まれてきたことを嘆いた親鸞の直弟子である著者（おそらく唯円）が、正しい信心を示すため、自分が聞いた親鸞の言葉に基づいて、その教えを示し異議を批判した書。十八章からなり、前半の十章は親鸞の法語を記し、後半の八章は当時行われていた種々の異議を取り上げて批判している。

↓155知識／190不思議

《ち》

ちかいのうた　蓮如上人四百五十回御遠忌の記念事業として、現代語でおつとめができるように、一九四八年に制定された意訳勤行。「ちかいのうた」は『重誓偈《じゅうせいげ》』の意訳。その他にも、『正信偈《しょうしんげ》』の意訳「しんじんのうた」、『讃仏偈《さんぶつげ》』の意訳「さんだんのうた」、『十二礼《じゅうにらい》』の意訳「らいはいのうた」がある。

↓78愚痴

《て》

伝教大師【でんぎょうだいし】　（七六七―八二二）名は最澄。日本天台宗の祖。近江の出身、十九歳で比叡山に入り修行。八〇四年入唐。天台の奥義と密教・禅を学び翌年帰国。法華経の絶対平等の思想を中核に禅・密を総合して日本天台教学を確立した。

↓52学生／96三昧

天台宗【てんだいしゅう】　中国天台山の智顗《ちぎ》が大成した宗派で、法華経が中心経典。日本へは最澄が唐から伝え、比叡山に延暦寺を建立し本山とした。なお、日本天台は顕密一致（顕教と密教を兼習）、四宗一源（天台・禅・戒律・密教は一つの源から発する）、鎮護国家を説き、中国天台とは面目を異にする。

↓52学生／74教授・講師／143大衆

《と》

道元【どうげん】（一二〇〇—一二五三）日本曹洞宗の開祖。十三歳で比叡山に入り修行。のちに建仁寺で禅宗に帰依。一二二三年、中国に入り如浄にしたがって曹洞禅を受け、日本に伝える。京からやがて越前の永平寺に移り、坐禅中心の厳格な宗風を高めた。著書に『正法眼蔵』。

↓208面目／216用心

《ね》

涅槃経【ねはんぎょう】 正式には『大般涅槃経』。釈迦の入滅（つまり涅槃）を扱い、あるいはその意義を問う経典類の総称。これには原始経典から大乗経典まで数種類あり、前者は釈迦の入滅前後の歴史的事実を記し、後者は釈迦が入滅直前に説いた教法、とくに涅槃の意味を大乗の立場から教理づけた。

↓1愛／28いろは歌／92沙羅双樹／124双六／140醍醐味／214油断

《は》

八正道【はっしょうどう】 釈迦はさとりに至る具体的な方法として八つの正しい道を教示した。正見（見解）、正思惟（思索）、正語（言葉）、正業（行為）、正命（生活）、正精進（努力）、正念（思い）、正定（精神集中）で、これらは別々の道ではなく、一つの聖なる道を生活の中で八つに分けて説いた。

↓115正念場／157中道

《ふ》

布薩【ふさつ】 仏教教団で、半月ごとの新月と満月の日に集まって、戒律の条文を読み上げ、たがいに自分の罪過を懺悔する儀式をいう。在家信者では毎月六斎日に八斎戒を守ることをいう。

↓80結界／93懺悔

仏・菩薩【ぶつ・ぼさつ】

仏や菩薩のこと。仏教では、地獄から仏の世界までを十種に分けて「十界」という。地獄・餓鬼・畜生・阿修羅・人・天が迷いの世界で、声聞《しょうもん》・縁覚《えんがく》・菩薩・仏が悟りの世界である。大乗仏教では、声聞・縁覚は自利のみの修行者だと批判し、自利と利他行を実践する菩薩と区別した。仏と菩薩は悟りの世界の方々である。

↓1愛／3愛敬・愛相／48海潮音／160通／177濡仏／183幡／191不請不請／194不退転／196不如意

《へ》

碧巌録【へきがんろく】『仏果圜悟禅師碧巌録』十巻の略。臨済宗で「宗門第一の書」と尊ばれて、中国や日本を通じてもっとも流行した禅の公案集。中国宋代の禅僧重顕が先人たちの公案から百を選び頌（うた）を添えたものに、圜悟《えんご》克勤《こくごん》が修行者のために講じたものを筆録した。『碧巌集』ともいう。

↓138啐啄の機

《ほ》

報恩講【ほうおんこう】 親鸞は一二六二年十一月二十八日（新暦では一二六三年一月十六日）に往生。その三十三回忌を機会に、親鸞の命日を縁として営まれる年々の法要を「報恩講」と名づけた。「御《ご》正忌《しょうき》報恩講」とは、命日までの一週間、本願寺で勤められる法要である。

↓150他力本願

法然【ほうねん】（一一三三－一二一二）初め比叡山で諸学を研修していたが、一一七五年、四十三歳のとき、善導の『観経疏』の文により専修念仏に帰し、比叡山を下りて東山吉水に移り住み、浄土宗を開き念仏をひろめた。旧仏教の圧迫で一二〇七年専修念仏は停止。法然は土佐に流罪。のち許されて帰京し多くの信者を得た。→9阿号／65観念／216用心

法華経【ほけきょう】『妙法蓮華経』八巻といい大乗経典の一つ。すべてのものが仏になると説き、ブッダの永遠の生命を直截に説き明かす。一種の宗教文学作品といわれ、「諸経の王」として広く流布した。天台宗、日蓮宗の所依の経典。
→5会うは別れ／24一大事／39演説／48海潮音／92沙羅双樹／102獅子奮迅／121しょっちゅう／156長者／199方便／207迷惑

凡夫【ぼんぶ】　サンスクリット語「プリタッグ・ジャナ」の漢訳で、必栗託《ひつりった》仡那《きつな》と音写し、異生とも漢訳する。仏教の道理を理解していない者、凡愚ともいう。仏典に「煩悩具足の凡夫」とあるように、聖者の逆で、さまざまな欲望や我執などの煩悩にとらわれ、苦しみ、悩みの世界をさまよう人びとをいう。
→24一大事／26一味／112成就／128世智辛い／191不請不請

梵網経【ぼんもうきょう】『梵網経盧舎那仏説菩薩心地戒品第十』二巻の略。鳩摩羅什訳。仏性を開発することを目的とする大乗戒を説く経典として、中国・日本に与えた影響は大きい。上巻には菩薩の向上心を、下巻には菩薩戒を説く。
→66看病／101獅子身中の虫

《ま》

末燈鈔【まっとうしょう】本願寺三世覚如二男・従覚が、親鸞の晩年の法話と各地に散在する書簡を収録。それまでの伝本を対校し年号や日付などを訂正し編集した書物。二十二通。書名

は「末の世を照らす燈火のような書物」という意味。
↓104自然／115正念場

《み》

密教【みっきょう】 秘密教の略。密教以外の仏教を顕教という。顕教は衆生の性質に応じて、言語文字で説き示された教えであるが、密教は仏の本体である大日如来が自らの悟りの内容を不可思議な力によって直接伝え、その境地に達した者以外は知ることのできない秘密真実の教えである。真言宗の密教を〈東密〉、天台宗の密教を〈台密〉という。
↓6阿吽／29印／196不如意

名号【みょうごう】 一般にはすべての仏・菩薩の名前である。浄土教ではとくに阿弥陀仏の名を指し、浄土真宗では「南無阿弥陀仏《なもあみだぶつ》」を六字の名号という。「南無阿弥陀仏」は、この世に信じ称えやすい名となって現れた仏であり、衆生に救いをよびかけ続けてくださる仏そのものである、と説かれている。
↓61歓喜／179念仏

《む》

無財の七施【むざいのしちせ】 六波羅蜜の第一は布施（ほどこし）。布施には真実の教えを広める法施、金銭や物品を与える財施、恐れを除き安心を与える無畏施があるが、たとえ金品がなくてもできる「無財の七施」がある。眼施（まなざし）、和顔悦色施（本文に説明）、言辞施（本文に説明）、身施（礼儀）、心施（愛情）、床座施（座席）、房舎施（住んでいる所の一部）。

↓193布施／225和顔愛語

無門関【むもんかん】 『禅宗無門関』一巻。中国宋代臨済宗の無門慧開著の公案集で、『碧巌録』や『従容録』などともに、禅門の代表的な書である。古来から有名な四十八の公案を集め、それに頌と評唱を加えたもの。

↓197平常心

無量寿経【むりょうじゅきょう】 二巻。康僧鎧《こうそうがい》訳。浄土三部経の一つで略して『大経』ともいう。阿弥陀仏の四十八願を説き、日本の浄土教に大きな影響を与えた。浄土真宗の根本所依の経典。『讃仏偈《さんぶつげ》』『重誓偈《じゅうせいげ》』『往覲偈《おうごん》』等が含まれている。親鸞は「大無量寿経 真実の教 浄土真宗」といい、釈迦の出世本懐の経典（釈迦がこの世に出現したのはこの経を説くため）とした。

↓17安楽／39演説／98志願／168灯明／191不請不請／220流転／225和顔愛語

《も》

聞法【もんぼう】 文字通り、仏法を聴聞すること。仏の教えを聞くこと。浄土真宗では「聞即信（聞くことがそのまま信じること）」といって、聞くことをたいへん重視している。阿弥陀仏の本願のいわれや名号を称えることの意味を聞いて信じることである。
↓30引導／206名刹

《ゆ》

維摩経【ゆいまきょう】 『維摩詰所説経』三巻の略。鳩摩羅什訳。富豪で大乗仏教の奥義に達した在家信者の維摩を主人公に、空思想を背景として在家主義を主張した大乗経典。聖徳太子の『維摩経義疏』を通じて日本仏教にも影響を与えた。
↓39演説／85居士／190不思議／191不請不請

融通念仏宗【ゆうづうねんぶつしゅう】 一一一七年、

良忍が阿弥陀仏から直接授けられたという偈頌「一人一切人、一切人一人、一行一切行、一切行一行」によって開宗した浄土教の一派。『華厳経』『法華経』を正依、浄土三部経を傍依とし、一人の念仏が万人の念仏と融通しあって往生できると説く。 ↓213融通

《り》

領解文【りょうげもん】 浄土真宗の門信徒が心得るべき信仰上の要点を、安心・報謝・師徳・法度に分けて示した法語。他力安心領解の告白を述べ、信仰生活の規範を示した。蓮如の作といわれ、山科本願寺落成の頃から読むようになったといわれる。法要や法座のとき、「領解出言《しゅつごん》」といって参拝者が唱和する。※全文を上巻274頁に掲載 ↓41往生

臨済宗【りんざいしゅう】 禅宗の一派。唐の臨済を祖とする。日本では鎌倉時代に再度入宋して中国から伝えた栄西によって開立。室町幕府は京都、鎌倉に五山を定めて保護した。公案によって弟子を教化する看話禅の立場をとる。
↓70喫茶／123頭巾／146沢庵／222老婆心

《れ》

蓮如【れんにょ】（一四一五―一四九九）本願寺第八世、浄土真宗中興の祖。比叡山衆徒の襲撃に遭い、京都東山大谷を出て越前吉崎に赴き、北陸地方を教化。『御文章』の作成、『正信偈・和讃』の刊行など独創的な伝道を展開した。さらに、山科・大阪石山に本願寺を建て、今日の本願寺教団の基盤を作った。 ↓209もったいない

《ろ》

六道【ろくどう】 衆生が自

分の行為の結果によって、趣き往く六種の迷いの境界をいう。地獄、餓鬼、畜生、阿修羅、人、天の世界のこと。「六道輪廻」とは、この六道の間を生まれかわり死にかわりして迷いの生を生き続けること。仏教はこの迷いの世界からいかにして脱するかを説く。

↓33有頂天／50餓鬼／124双六／175人間

六波羅蜜【ろっぱらみつ】

菩薩の修行でその実践行の内容を六種に分けて説いたもの。布施（ほどこし）、持戒（戒律を守る）、忍辱（耐え忍ぶ）、精進（努力）、禅定（精神統一）、智恵（真実を見極める）。なお、中国や日本では「波羅蜜」を「到彼岸」と訳し、迷いの此岸から悟りの彼岸に渡ることをいう。

↓113精進／176忍辱／185彼岸／193布施

《わ》

和讃【わさん】 仏・菩薩・祖師・先徳・経典・教義などをほめたたえた、和語（日本語）による讃歌。平安時代中頃から普及し、鎌倉時代にさらに発展。親鸞には三帖和讃と呼ばれる『浄土和讃』『高僧和讃』『正像末和讃』など五百余首があり、『正信念仏偈』に続いて六首ずつ読む。

↓107娑婆／219利益

領《りょう》解《げ》文《もん》

もろもろの雑行雑修自力《ぞうぎょうざつしゅじりき》のこころをふりすてて、一心《いっしん》に阿弥陀如来《あみだにょらい》、われらが今度《こんど》の一大事《いちだいじ》の後生《ごしょう》、御《おん》たすけ候《そうら》へとたのみまうして候《そうろ》ふ。たのむ一念《いちねん》のとき、往生一定御《おうじょういちじょうおん》たすけ治定《じじょう》と存《ぞん》じ、このうへの称《しょう》名《みょう》は、御恩報謝《ごおんほうしゃ》と存《ぞん》じよろこびまうし候《そうろ》ふ。この御《おん》ことわり聴聞申《ちょうもんもう》しわけ候《そうろ》ふこと、御開山聖人《ごかいさんしょうにん》（親鸞）御出世《ごしゅっせ》の御恩《ごおん》、次第相承《しだいそうじょう》の善《ぜん》知識《ちしき》のあさからざる御勧化《ごかんけ》の御恩《ごおん》と、ありがたく存《ぞん》じ候《そうろ》ふ。このうへは定《さだ》めおかせらるる御掟《おんおきて》、一期《いちご》をかぎりまもりまうすべく候《そうろ》ふ。

文・辻本《つじもと》 敬順《けいじゅん》

一九三四年　京都市生まれ。

龍谷大学大学院修士課程終了。

京都女子高校兼中学校教諭、龍谷大学短期大学部兼任講師を経て、現在、龍谷大学文学部講師。

浄土真宗本願寺派明善寺住職。

著書に『阿弥陀経のことばたち』、『人物まんだら　お釈迦さまをめぐる人びと』、『仏教名言ノート』、『続・仏教名言ノート』（すべて本願寺出版社）など。

絵・寄藤《よりふじ》 文平《ぶんぺい》

一九七三年　長野県生まれ。

二〇〇〇年、有限会社文平銀座設立。

近年は広告アートディレクションとブックデザインを中心に活動。イラストレーターとして挿画の連載や、著作も行う。

著書に『死にカタログ』（大和書房）、『ウンココロ』（実業之日本社）など。

本願寺出版社

くらしの仏教語豆事典　上

２００８年８月15日　第１刷発行

著　者　辻本　敬順
発行所　本願寺出版社
〒６００－８５０１
京都市下京区堀川通花屋町下ル（西本願寺）
電話　０７５－３７１－４１７１
http://hongwanji-shuppan.com/

装幀・本文デザイン　寄藤文平
ＤＴＰ　ＴＡＮＣ（浦山憲一）
印刷・製本　凸版印刷株式会社

ISBN978-4-89416-124-5　C0115　PT051-SH1-①80-80